夢文化
的歷史軌跡

王權 × 戰爭 × 宗教 × 文學 × 藝術 × 生活

從史前神話到現代心理學
解析夢在中國文化中的
多重面貌與意義

過常寶，貢方舟——著

以學術研究為基礎，闡述夢在不同時代扮演著關鍵角色

以獨特視角探討夢在古今中國社會中的不同面貌和影響

對「夢」的多角度分析，為讀者帶來一幅豐富多彩的夢文化圖景

目錄

目 錄

第一章　鴻蒙初開
——夢文化的源起

第一節　大象無形 —— 夢與夢文化

「無需懷夢草,便可夢佳人」,夢是一種普遍而神祕的生理和心理現象。現代科學認為,人腦中的腦幹部分在睡眠狀態下會不斷發出訊號,這些訊號使人感應到影像與聲音,從而形成夢體驗。當這種體驗在群體中實現交流並引發思考時,夢文化就產生了。從夢體驗到夢文化,普遍性與神祕性在交流的過程中得到加強,成為夢文化最明顯的特徵。

眾人皆夢 —— 夢的普遍性

什麼是夢的普遍性?回答這個問題之前,我們先來看一個謎語,謎面是:「你能做,我能做,大家都能做;一個人能做,兩個人不能一起做。」很明顯謎底應該是夢,這個謎語就說明了夢的普遍性。

根據生活經驗,我們知道,絕大多數的人都能做夢。神經心理學家告訴我們,即使腦幹受損的病人仍然可以做夢,只有腦部頂葉受損後才可能無法做夢。而在古人眼中,「無夢」是一種極致境界。《莊子》中提到只有所謂「真人」才能「其寢不夢,其覺無憂」,因為真人能順應天道自然,達到「無夢無憂」的狀態。

金聖歎在評點《西廂記》時將「無夢」的情形擴展為兩種 ——

「至人無夢」和「愚人無夢」。「至人無夢，無非夢也，同在夢中而隨夢自然」，這裡的「至人」很像《莊子》中的「真人」，他們清醒時和睡眠時一樣的無憂自在，自然談不上做夢；「愚人無夢，非無夢也，實在夢中而不以為夢」，愚人不是不做夢，而是無法識別夢，身在夢中而不自知。

對於大多數大腦健康的人來說，既難以達到至人「寤寐一如」的境界，又實在比愚人聰明那麼一點點，做不到「蕉鹿自欺」，所以我們自然會經常墜入「顛倒夢境」，被那些瑰麗詭譎的夢體驗所困擾。

「心臥則夢」，科學家相信，人每晚都會做很多個夢。然而，我們往往只會記得一個夢，甚至覺得自己沒有做過夢。這是因為每一個夢的記憶都會在下個夢開始前被抹去。古代占夢中有一種說法叫「夢有始終而覺佚其者」，形容的就是人對夢記憶的遺忘。人做夢的頻率非常高，據統計，每個人每年僅僅是噩夢就要做三百到一千次，豐富的夢資源促成了夢文化的形成與發展。

除了做夢人群之廣、做夢頻率之高，夢的普遍性還體現在夢的主題和內容上。中國有句古話說：「南人不夢馬，北人不夢船。」講的是做夢的基本材料，都來自日常生活中的情景和體驗。西方學者認為，夢是潛意識作用的結果，一些已經忘記的體驗和被壓抑的衝動都能引發夢。基於集體潛意識的理論，人

類的夢往往擁有同樣的原型意象。也就是說，在自然環境和社會環境相近的情況下，大部分夢的主題和內容都會具有一定的相似性。

這就好比說，每個人都在獨立地烹調食物，但由於運用了相似的食材和烹飪手法，難免會做出外觀和口味都相近的菜餚。同樣的事情還會出現在電視螢幕上，我們看慣了雷同的布景、相似的劇情，甚至同一個演員。考慮到做夢的人數和頻率，要夢到與眾不同的東西真的很難，所以夢中的所見所聞和情感體驗往往是相通甚至相同的。

整體說，夢的普遍性在傳播和交流的過程中，會帶給我們這樣的感受：每一個做夢者都是在分享一種屬於全人類的偉大資源，也是在窺探一個橫亙於自我與現實間的龐然大物。大象無形，氣象萬千，普遍性也正是夢文化的第一個特徵。

盲人摸象 —— 夢的神祕性

小時候，我們學過一個成語叫「盲人摸象」，這個成語的出處是佛教《大般涅槃經》，故事內容如下所述。

在遠古時，有一個聰明的國王叫「鏡面」，在他的國家中只有他一人信奉佛法，他的臣民們相信的都是些旁門左道。有一天，國王要求臣子將國境內所有生下來就瞎了眼睛的人找到宮裡來，然後牽出一頭大象讓這群盲人摸，臣民都不明白國王的

用意，於是紛紛來圍觀。

只聽國王問這些盲人說：「你們覺得像是什麼樣子的呢？」

摸著象腳的盲人便說：「象長得好像漆桶一樣。」

摸著象尾的說：「不對，它長得像掃帚！」

摸著象腹的說：「你們都錯了！它長得像鼓呀！」

摸著象背的說：「怎麼可能？它明明就像一個高高的茶几！」

……

每個盲人各執一詞、爭論不休，這時鏡面王就說了：「盲人呀，盲人！你們又何必爭論呢？你們沒有人看到象的全身，卻都以為自己看到了呀！這就好比沒有聽過佛法的人，自以為獲得了真理一樣呀！」

出現「盲人摸象」這種情況，至少有兩大原因：一是客觀原因，大象體積過於龐大，僅僅靠觸摸無法掌握大象的整體形態；二是主觀原因，摸象的是盲人，不僅無法觀察大象，也難以靠摸索出的結果來拼湊大象的全貌。

人們對夢的探索，很像盲人摸象。客觀上講，從人類可以識別夢的那天起，夢就成了最有誘惑力的謎題。夢的起因、夢的含義、夢與現實的關係，每個問題都足以使人們絞盡腦汁地尋找答案。此外，夢還會和文化環境中的宗教信仰、語言符號等結合在一起，形成不拘一格、包羅萬象的夢文化，這樣的「龐

然大物」實在令人難以把握其全貌。

　　主觀上講，科學的不斷發展讓人們有機會更清晰地認識夢，然而時至今日，我們仍然無法搞清夢的全部奧祕。在探索夢的過程中，人們仍然「視物不清」，只能在朦朧間試驗推測。於是，在人們眼中，夢與夢文化從誕生之日起，就帶著一層神祕的面紗。

　　夢的神祕性首先體現在它與睡眠的關係上。中國古代最早的夢字出現在甲骨文中，是個左右結構的字，右邊一張有支架的床，左上方一隻大眼睛，然後是手指和手臂，下方是人的身體。整個字的含義是人躺在床上睡覺的過程中目有所見。這個字形說明，先民們很早就已經發現了夢與睡眠之間的密切連繫。

　　睡眠因其近乎死亡狀態的封閉性而充滿神祕感。在這種封閉狀態下，人的肉體失去了行動能力。某些文明認為，睡眠狀態下的人體失去了束縛精神的能力，「魂」在此時得到了解放、接管身體的部分主動權，甚至可以暫時性地離開身體。神祕的睡眠帶來了神祕的夢。

　　夢是誰的，是做夢者的嗎？準確地說，不是！夢的所有權很神祕。人做夢的過程通常是被動的，我們的意識不能支配自己的夢，夢的發生是這樣，結局也是這樣。做夢者並不是夢的導演，他只提供素材、演員和場地，但拿不到劇本、不操控鏡頭，不知道要不要親自上陣，甚至連何時開拍、何時上映都沒

有頭緒。這種情況下，夢的「所有權」就出了問題，夢歸屬於我，但又不是我設計製造的。

在中國，我們一般會說「我做了一個夢」，「我做過一個夢」或者「我有一個想法」，而不會說「我有一個夢」。夢與想法不同，不具備「本人製造」的標籤，這說明了中國文化對夢的一種認知。夢不歸做夢者所有，它可能來自神明的某種安排，或者是祖先要向我們傳達某種訊息，抑或是我們的靈魂在神遊過程中看到的景象。總之，夢來自他方，只有在經過做夢的過程後，才歸我所有，我才能對它行使處置權。夢就好像是遠方傳來的一陣信號，正因為不是自己原裝的，所以可能讀不懂。於是山不是山，水不是水，喜悲亦然不同。

在西方，夢被比喻為「原始人的來信」，是人的潛意識傳遞給意識的訊息，潛意識就是原始人、意識就是現代人。與中國人相同，西方人也認為無法憑藉日常邏輯來解釋夢；有所不同的是，他們認為夢並不是從遠方來的，而是誕生於人腦中的另一個部分。由於夢的創作者是「原始人」，他不會使用清晰易懂的語言，只能採用諸如象徵的方式來表達自己的意思。「現代人」面對這樣的訊息時，就如同被贈予了一幅抽象畫，他們會興味盎然地和客人探討畫作的含義，亦如我們熱衷於對自身夢境的解讀。

神祕的所有權，使得做夢者在交流夢體驗時，可以將個人

意識與夢境割裂開來，他們可以表明自己並不理解夢的含義，也可以不認同夢中的言行。這樣，做夢時的被動在交流中得到了補償，做夢者就創造出了一段「虛假」的夢境。只要強調抽象畫是別人送的，畫的主人就可以毫無顧忌地與客人評價這個禮物，畫的內容和水準看上去與主人毫無關係。但實際上，這幅畫恰恰有可能正是主人信筆塗鴉之作，只是他將作者假託他人罷了。同樣，講述夢的人也完全可以借說夢的機會將自己的本義闡釋出來，許多文學作品正是這樣用夢做藉口，創作出了一段段如真似幻的故事。《紅樓夢》這部作品的名字出自小說第五回中，賈寶玉夢遊太虛幻境時聽到的一套曲子的名稱，作者曹雪芹曾在小說開頭寫下「滿紙荒唐言，一把辛酸淚」，小說幾次易稿，最終定名「紅樓夢」，就是希望依託「夢」這樣的概念，更自由地創造人物、表達感情。

　　還有另外一種可能，畫主人本身就是抽象派繪畫的行家，他費盡心思，把明確的目的透過抽象派的手法隱含在畫作背後，有意使他人可以窺見真意。侏儒夢灶就是這樣一個例子。

　　相傳衛靈公時期彌子瑕得寵，他聯合宦官雍鉏欺上瞞下，使忠臣在野、國事大亂。靈公身邊有個侏儒藝人很看不慣這件事，就巧妙地對靈公說：「昔日臣夢見君。」

　　靈公就問他：「你都夢見什麼了？」

　　藝人回答：「我夢見灶君了！」

靈公聽罷大怒，說：「胡說八道！我聽說夢見太陽是夢見了人君，如今你夢見灶君卻說夢見我，真是豈有此理！你給我解釋清楚！」

藝人不慌不忙地說：「太陽普照大地，任何東西都遮蔽不了；可灶就不同了，它雖然也釋放熱量，而一旦有人在灶臺旁遮住了火，後面的人就感受不到熱量了。我現在很懷疑，有人也像在灶臺遮火一樣矇蔽了國君您呀！」

靈公聽罷，馬上明白了他的意思，罷黜彌雍二人，重新任用經國之才，衛國得以大治。

這個故事裡，侏儒藝人為達到自己的目的，編造出一段夢境，利用解夢的一般規律，委婉地啟發了受到矇蔽的君主。

夢神祕的所有權，使得夢境在傳播過程中出現了「失真」的現象，這加大了人們研究夢的難度，也加強了夢文化的神祕特性。

夢境圖騰 —— 什麼是夢文化

夢境是真實與虛幻的統一。一方面夢中的場景可以如日常生活一般普通，另一方面夢中也會出現一些奇怪的景象。比如在生活中誰也沒有見過鬼，可它卻會不時地出現在人們的夢境中，東漢王延壽描寫夢中所見的鬼物「有蛇頭而四角，魚首而鳥身，或三足而六眼，或龍形而似人」，乍看之下此物陰森恐怖，

似非人間所有，可仔細一讀，也無非是常見之物的拼接罷了。

　　人類學家告訴我們，原始人認為夢中所見與白天所見同樣都是真實的；兒童心理學家也說，年幼的兒童無法分辨夢境與現實。處在現代文明中的成年人，只要身心健康，分清夢與現實好像不成問題。可是，如果要從邏輯上證明夢與現實的區別，這個命題不能成立。《莊子·齊物論》就講到過，人做夢時並不知道自己在夢中，甚至還會去占夢，只有醒後才能發覺之前是大夢一場，所以愚人會覺得自己始終清醒。

　　因此，如果對環境加以控制，我們就會很難判斷自己的醒夢狀態。在很多的文學和影音作品中，經常會採用真實場景與夢境交織敘事的手法，這種手法總能在某一瞬間抓住我們的思緒，使我們興致勃勃地去甄別夢境與現實。可見，在心靈深處，我們就對夢與現實有諸多質疑，這可能是因為潛意識是夢誕生的地方，對潛意識而言，夢境才是真正的現實。

　　有部電影叫《全面啟動》（Inception），講的就是與夢有關的故事。電影中的主角們可以造夢，可以盜夢，可以一起入夢，還可以一起醒來。對他們而言，夢境和現實的界線已經模糊了，只好靠一個圖騰來區分。其中，男主角柯布（Dom Cobb）的圖騰是一個陀螺，這個陀螺在夢中可以一直旋轉。在影片的結尾，主角歷經艱險，終於完成任務，與家人團聚，美得如同夢境一般。電影最後一個鏡頭中，陀螺在桌上旋轉，好似即將

倒下。這個鏡頭引發了爭議，很多人去探討電影的結局是不是一場夢，去研究陀螺是否會倒下。如果把這個鏡頭語言寫出來，我覺得應該是：

「好了，故事就這樣結束了，也許還有遺憾，但是很幸福。」

「此時是現實或是夢境並不重要。」

「真的要搞清楚嗎？」

「那好，如果真的想分清楚夢境和現實的話，就請靠自己的感受和思考去尋找答案，不要依賴陀螺解決問題。」

在現實中，圖騰並不存在，至少不會如此具象、如此簡單。夢境和現實是人類永恆的主題，就好像意識與潛意識一直在我們的心中共存一樣。現代科學至今仍無法完全解釋夢運行的機理，遑論像電影中那樣創造和操控夢境。如果有一天，我們可以從科學的角度控制夢境，可以像點餐一般在菜單上選擇今晚的美夢，我們才算真正褪去了夢的神祕面紗，只是不知道那時究竟是美夢成真還是噩夢一場。

中國古代的帝王會設立占夢官一職，透過探尋自己夢象中的微小徵兆來判斷吉凶禍福；現在的人每每在睡醒後，也喜歡把自己做過的夢記下來，有空時翻幾本夢書，嘗試著自己來解一解夢。夢的普遍性和神祕性，對人類有不可抗拒的誘惑力，我們會去尋找、記錄、交流、分析、解釋並把它應用到社會生活的各個方面。雖然難以準確地概括，我們還是要對夢文化下

一個定義，即在一定群體中，人們對夢的認知和行為方式，以及圍繞這兩種方式創造出的物質和精神財富。

　　人們對夢的認知方式和行為方式，分別回答了下面兩個問題：夢從何處來？夢有何價值？任何一個群體的夢文化，都是建立在這兩個問題的答案上的。夢從何處來，解釋了夢的原因和機理；夢有何價值，說明了夢的功能。搞清夢的身家出處，就給了「夢」一個名分，使它可以從一片混沌中走出來，現身於人們的文化視野；賦予了夢的價值，明白了夢的功能，就給了大家一個指南，讓人們知道如何去對待夢這種東西。在此之外，人們對夢的全部創造和演繹，都只是對答案的注解。

　　如果說文化是一片廣闊的海洋，那麼對夢的認知方式，就是海洋中升起的陸地，在文化的領域中夢因此而占有一席之地；而對夢的行為方式，就是海島上的燈塔，在人們晦暗不明時給予指引，人們正是在燈塔之光的照耀下，在海洋中建構了夢的國度。

第二節　管窺夢心 —— 夢從何處來

　　現代夢學研究證明，人的神經系統分為兩部分，一部分是在清醒狀態下的主控神經系統，另一部分是在睡眠狀態下的輔助神經系統，夢是輔助神經系統對訊息的加工過程。這裡的訊

息包括大腦內部的儲存訊息和來自外界的感官訊息。儲存訊息是指清醒時微弱的記憶碎片，這些碎片被重新整合之後形成夢境。感官訊息是指人在睡夢中感受到的外界刺激，所謂「藉帶而寢則夢蛇，飛鳥銜髮則夢飛」就是由感官訊息引發的夢。

在不同的歷史時期，人類對夢的來源認知各異。過去的人們站在不同的角度，將夢和生活經驗連繫在一起，得出了各式各樣的夢源說，這些學說都是不同的文化背景下人們智慧的結晶。下面介紹幾種影響較大的夢源說。

史前先民的夢魂觀念

夢魂觀念來自史前先民對夢的認知。前面提到過，睡眠狀態下的人體和死亡時相似，都失去了束縛靈魂的能力，這種狀態下靈魂就可能得到暫時的解放，能離開身體巡遊四方，靈魂在巡遊過程中的所見所聞即成夢。這就是所謂夢魂說。

夢魂說在中國古代影響很大，很多文學作品中都可以看到它的痕跡。《楚辭》中屈原曾經寫過「昔余夢登天兮，魂中道而無杭」，把夢看作魂遊，於是魂魄便上天入地、無所不至；司馬相如在《長門賦》中寫到「忽寢寐而夢想兮，魄若君之在旁」，夢中已經被廢的陳皇后的魂魄又來到心愛的漢武帝身旁；李白的《長相思》中「天長路遠魂飛苦，夢魂不到關山難」一句，夢魂完全脫離了肉體本身，可以自由地在天地山川之間遨遊尋覓。

　　東漢王充在《論衡》中提到「人之夢也，占者謂之魂行」，說占夢的人認為夢就是靈魂的外游；「精神行，與人物相更」，靈魂外游後總會有所遇，遇人就夢見人、遇物就夢見物；「夢見帝，是魂之上天也」，如果靈魂登天的話，就會夢見天帝。這是關於夢魂說比較簡單明瞭的描述。

　　列子是戰國思想家，他研習道家黃老學說，有充滿智慧的《列子》八卷傳世，這本書中就記載了很多生動有趣、蘊含哲理的古夢。其中，《黃帝篇》中「黃帝夢遊華胥」這個夢很能說明夢魂說的特徵。

　　相傳黃帝即位三十年，為了治理好天下，可謂殫精竭慮，搞得自己是形容枯槁、喜怒無常。為了改變這種情況，他放下國事三個月，退居民舍、齋戒吃素。

　　然後，黃帝做了一個白日夢，他夢見自己來到古老的華胥國。這個國家裡沒有官員與百姓之分，人都沒有嗜好和欲望。既不懂樂生，也不知畏死；既不懂自私，也不懂得疏離；既不懂得背叛，也不懂得順從；既沒有偏愛，也沒有畏忌。他們淹不死、燒不壞；乘雲升空如腳踏實地，寢臥虛無如安睡木床。任何外物都無法干擾他們，他們的一切全憑精神運行。

　　黃帝醒來後，感覺神清氣爽。他終於明白，最高的「道」不能用主觀的欲望去追求。於是，他學習華胥國的國家模式，用這樣的方式來治理中國。二十八年後天下大治，幾乎和夢中

的華胥國一模一樣了，黃帝也就完成了他的使命，升天做神仙去了。

從黃帝這個夢中，我們可以看出夢魂成夢的幾個特點。

首先，夢魂說中的夢往往是意識夢，做夢者心有所念，凝神成像，所思所想就出現在夢中，這就是我們常說的「日有所思，夜有所夢」。就如同黃帝一直憂心於治國之道，就夢見了烏托邦式的華胥國一樣。孔子夢周公也是意識夢的典型代表，孔子一生以制禮作樂的周公為目標，「為天地立心，為生民立命，為往聖繼絕學，為萬世開太平」，他晚年還曾因禮崩樂壞的現實而感慨：「久矣吾不復夢見周公！」

其二，夢魂說的夢往往是尋常夢，做夢者夢中見到的情景事物多為真實生活的再現。黃帝夢中的華胥國雖然是個理想國度，但它並不是虛幻的，它有來源，是伏羲母親華胥氏的故國；它雖然遠在「弇州之西，台州之北，不知斯齊國幾千萬里」，但這個位置還是一定的，並不像「煙濤微茫」中的瀛洲那樣縹緲無所。魏徵「夢中斬龍頭」，辛棄疾「金戈鐵馬入夢來」，這些夢中夢主人的身分往往與現實生活中的自己相匹配，所以說夢就是現實的一種延續。

最後，夢魂說的夢基本上都是直應夢，這些夢往往不需要過多的解讀，就可以給做夢者帶來一定的啟示。比如，黃帝夢遊華胥後，不需要對夢的內容做進一步闡釋，直接就可以運用

夢中所悟來治國。再比如，湯顯祖《牡丹亭》中，杜麗娘夢裡見到一個書生持半枝垂柳前來求愛，兩人在牡丹亭畔幽會，這也是簡單的相思夢，不需要過分解讀。

夢魂觀念是古老的、凝和為一的觀念，最初有夢必有魂、有魂必有夢，兩者密不可分，夢魂因此成為古典文化中的語詞，魂牽夢繞、魂夢等詞都是它的衍生物。漸漸地，夢魂合一被打破，一方面靈魂從形式上掙脫夢的桎梏，另一方面夢也不再只囿於簡單的靈魂漫遊。前者發展出多姿多彩的文學和藝術創作，後者為我們帶來神明入夢等更為複雜的夢源觀點。

《尚書》中的神明入夢說

《尚書》中記載了殷高宗武丁因夢而得賢相傳說的故事。

武丁在為父居喪期間三年不參與政事，喪期滿了還是一言不發。大臣們苦勸他發號施令，他卻唯恐自己說錯話。正當苦惱時，武丁做了一個夢，他夢見天帝向他推薦了一位好助手，可以做他的代言人。於是他就將夢中所見人物的形貌畫了下來，派人拿著畫像四處尋訪，最終在傅岩找到了正在築城的傅說。武丁後來拜傅說為相，君臣二人攜手開創了一番盛世。

這個傳說中，武丁之夢體現的是人和天神之間的感應與交流。武丁苦苦思索如何治國，天帝理解他的苦衷，於是以入夢的方式把傅說推薦給他。人神之間生命相感應，透過夢象相溝

通，天神直接出現在夢中。這就是最早的關於神明入夢的記載。

　　先民認為，夢是人與神明溝通最便捷的途徑，神明會透過入夢的方式給予做夢者指引。這裡的夢帶有一種神性，是由神直接安排和實施的。有關神明入夢的傳說很多，比如《墨子》中記載了周武王受命之夢。

　　傳說武王伐紂前，曾經夢見三位天神對他說，我們已經使商紂王沉迷於酒色之中了，你只管去攻伐，一定可以成功！果然，武王一舉拿下朝歌，成就了周王朝八百年基業。

　　上面兩個例子中，神明都是直接入夢的。後世記載的夢中，多數情況是神明並不直接和人交流，而是透過其他手段在夢中指引做夢者。唐玄宗夢中得仙女傳授《霓裳羽衣曲》，東漢蔡邕恍惚間得奇人指點而書名篇《九勢》，李白夢中見到筆頭生花後詩情如泉湧，這都是神明間接入夢的例子。

　　南朝時江淹少年成名，但到了晚年才思衰竭。他自己解釋這種情況，說在夢中見到了西晉大文學家張景陽，張景陽向他索要「錦緞」，夢醒後他就再也做不出錦繡文章了。還有人傳說，江淹其實禍不單行，他還做過一個奇夢，夢見東晉大學者郭璞對他說：「吾有筆在卿處多年，可以見還。」夢中的江淹就從懷中掏出了一支五色筆還給郭璞，這一下就徹底江郎才盡了。

　　從根本上講，神明入夢說的基礎是一種神靈崇拜。在中國古代，除了對神靈的崇拜以外，對祖先的崇拜也十分盛行。

《禮記‧檀弓上》中有「骨肉復歸於土，命也。若魂氣則無不知也」。相應的，先祖入夢說也是神明入夢的一種延伸。

《左傳》成公二年記載，齊晉鞌之戰的決戰前夜，晉國主帥韓厥夢見了自己已經去世的父親子輿，亡父對他說，你明天作戰時不要站在戰車兩邊，否則你會有生命危險。於是第二天作戰時，韓厥就站在了戰車正中。結果仗打下來齊國敗陣，韓厥帶著人追趕逃跑的齊頃公。不料，齊頃公身旁有一個神射手，他接連射殺了韓厥戰車上左右二人，韓厥就因為亡父夢中的提示而保住了性命。

另外，《漢書》記載漢元帝時期，由於朝廷大量削減郡國的祖廟，漢元帝和自己的幼弟楚孝王都在夢中受到了已故祖先的指責。祖先崇拜主要透過祭祀來體現，因此先祖入夢時經常會提到祭祀的多寡。

入夢說中，夢永遠是做夢者和其他存在形式的一種溝通方式，這種夢體驗往往很有價值。不論是神明、先祖，還是神明的代言人，他們都會在夢中感應到做夢者的需求，特意給予一定的指引。這種情況下，做夢者往往需要對夢到的內容進行深層次的解讀，需要透過所謂「占夢」來獲得對方所提供的真實訊息。神明入夢說相比較夢魂說有更強的通神性和預言性。

《黃帝內經》中的因病而夢說

中國古人看待夢，並不總將它們與超自然現象連繫在一起。事實上，先民很早以前就提出過相對比較科學的夢源學說 ── 因病而夢說。《黃帝內經》可謂是這種學說中的翹楚，它試圖從中醫學的角度來解釋夢，將夢的發生與病理學因素相連繫，最終將所有的夢因都歸結為「淫邪泮衍發夢」和「虛氣厥逆發夢」這兩大類。

《黃帝內經‧靈樞》中有一篇〈淫邪發夢〉是我國現存最早的論夢專篇，其中的「十二盛」和「十五不足」都是重要的解夢依據，有不可忽視的文獻價值和研究價值。這篇文章中所提出的「淫邪泮衍」說正好切中因病而夢的要害。所謂「淫邪」就是陰、陽、風、雨、晦、明六氣，過猶不及是為淫，六淫就指風、寒、暑、溼、燥、火六種致病因素；「泮衍」是融流瀰漫的意思。「淫邪」一旦侵入機體，勢必造成機體種種失衡現象，這些現象回饋到睡夢中就形成種種不同的夢。

另外，如果人體虛氣厥逆於五臟六腑之間，也會引發各種各樣的夢，這主要是因為「邪之所湊，其氣必虛」。比如說，「客於心，則夢見丘山煙火」，因為五行中心屬火，心氣虛，則引同類以自實；再比如說，「客於肺，則夢飛揚，見金鐵之奇物」，因為肺的作用是司呼吸，和輕揚上浮的氣打交道，加上五行中肺屬金，所以可能出現這些夢象。

　　《黃帝內經・素問・脈要精微論》中提到了所謂的「邪實成夢」，就是說你吃得太飽時做夢，就會夢到將食物送給別人，腹中空空時夢中會出現進食的場景；《黃帝內經・素問・方盛衰論》中提到，與肺病相關的夢總是離不開白色和兵器，與腎病相關的夢總是離不開水，與肝病相關的夢總是離不開草木，與心臟病相關的夢總是離不開火，與脾相關的夢總是離不開蓋房子。

　　總之，《黃帝內經》所述之夢多為「因病而夢」，致夢疾病又主要為淫邪干擾人體正常生理機能所致，也有因為正氣不足而發夢的情況；發夢的主要機理是天人感應的原理，主要根據是樸素的陰陽五行說。《內經》中論夢，慣常採取取象比類的方法，典型的夢體驗成了典型疾病的信號，這種方式有很強的針對性，也確有一定的預見性，夢境可以為診斷疾病提供一定程度的依據。

　　春秋時期，晉景公生病了，請來秦國名醫緩給自己治病。結果在緩進宮前，景公夢見兩個小孩在慌慌張張地交談，一個說：「聽說緩是天下名醫，他來了，咱們必定遭殃，不知往哪裡逃才好呀？」另一個說：「我們何不躲在膏之下、肓之上，這樣緩就找不到咱們了，又能拿咱們怎麼樣呢？」果然，緩見到景公後，無可奈何地表示病症已經深入到膏肓之間，針灸和藥物都無法滲透進去，已經無藥可救了。

　　桓譚曾記載過，西漢賦家揚雄在漢成帝時受詔作賦，因為

思慮過度，傷了精神，賦成之後因倦小臥，夢見「五臟出在地，以手收而納之」，醒來後就患了喘悸病，氣虛嚴重，整整病了一年。

後世《洞微志》記齊州有人突發狂疾，病中經常唱：「五靈華蓋曉玲瓏，天府由來汝府中。惆悵此情言不盡，一丸蘿蔔火吾宮。」後來這個病人遇見了一個精通醫術的道人，他自述病由說：「夢中見一紅裳女子，引入宮殿，皆紅紫飾，小姑今歌。」道士聽後解夢說，這是得了天麥毒，說女子對應心神，小姑對應脾腎，應服藥配吃蘿蔔來治病。後來果然藥到病除。

《黃帝內經》論夢的成因和夢象的生理原因，把夢從鬼神迷信和夢兆觀念中拉出來，這是一個了不起的進步。但因為缺乏心理學、醫學方面的知識，《黃帝內經》對夢的解釋還顯得過於簡單，只在討論病理時附帶提出，而且還有不少牽強附會的地方，是較為缺乏科學性的。後來，孫思邈將「五臟」夢之說記載於《千金要方》中，講的是心、肺、肝、脾、腎五臟冷熱與相應夢象之間的關係，而且據此提出了六氣治療的針對性措施，可謂在《黃帝內經》的基礎上，將因病而夢之說向前推進了一步。

西方的潛意識與夢

第四種夢源說是西方心理學家對於夢和潛意識關係的探索。西方人本來也認為夢是靈魂作祟的結果，直到佛洛伊德

（Sigmund Freud）、榮格（Carl Jung）為代表的精神分析學派的出現，才使關於夢與靈魂關係學說具有了初步的科學性。佛洛伊德的著作《夢的解析》（*The Interpretation of Dreams*）中提到，人的許多被壓抑的衝動和欲望都存在於潛意識中，而夢正是潛意識的反映。在潛意識這座「夢工廠」中，夢的出現主要有兩個原因：第一個就是「壓抑願望的達成」，做夢者在現實中無法實現的願望，甚至無法被承認的原始衝動，經過潛意識的喬裝打扮，改頭換面後以夢的形式出現。在面對這種夢的時候，往往需要還原夢的喬裝過程，才能夠窺見其中的真意。

　　榮格在潛意識的基礎上提出了集體潛意識的概念，由此也對夢的產生提出了另一種解釋。集體潛意識是長期的遺傳經驗在人身上留下的生理痕跡。在這種力量的推動下，夢就成了潛意識的真實訴說。這種夢就是前面提到的「原始人的來信」，信件的主題往往貫穿人類歷史，遍及宗教、倫理哲學等諸多領域，榮格稱之為「原型」。於是解讀這種夢的核心就是找到夢境背後的種種「原型」。

　　在中國古代，有一位作家筆下的故事最契合西方這種「壓抑願望的達成」的夢源觀點，他就是《聊齋志異》的作者，落魄書生蒲松齡。相傳，蒲松齡年輕時曾經暗戀過恩人孫蕙的侍妾顧青霞，這種感情並不見容於世，只能深深壓抑在心中。他在《夢幻十八韻》裡寫自己夢遇神女，這神女「倦後憨尤媚，酣來嬌亦

狂。眉山低曲秀，眼語送流光。弱態妒楊柳，慵鬟睡海棠」，正是曼聲嬌吟的顧青霞在蒲松齡夢中的變形。

　　蒲松齡並不滿足於只在自己的夢中懷想情人，《聊齋志異》中「書生夢遇女鬼」這類典型故事模式，正是對他自己悲劇愛情的一種悼念。在這種模式中，書生總是窮途潦倒、抑鬱不得志，他們多在野寺孤館、荒山深谷之中寄居，到了深夜恍惚之時就會遇到嬌豔如花的美女。這些美女往往不計較書生的各種落魄，一見傾心甚至自薦枕席。然而書生的桃花運總是不會長久的，夢裡的芊芊女子轉眼就成了豔鬼狐妖，之後的故事就是人各有命了。

　　從上述四種夢源觀念可以看出，在回答「夢從何處來」這個問題時，不同的文明階段、文化領域都給出了不同的答案，這些答案從一定程度上可以解釋夢的運行機理，並推動夢文化在此基礎上進一步發展和豐富。然而，隨著人類經驗範圍的拓展和認知水準的提升，這些答案最終又會被新的理論所取代。所以說，重要的並不是問題的最終答案，而是不同時代、不同文化背景下對這個問題的解讀，以及圍繞它進行的種種建構。正是這些不同的文化財富累積下來，才形成了夢文化現在的風貌。

第三節　取象比類 —— 夢有何價值

夢的象徵與解讀

　　文化的功能之一是針對某種現象為群體成員提供統一的解釋，從而促使其形成一致的價值觀念。在回答了「夢從何處來」的問題之後，夢文化的發展進入了新的階段，對夢境的解讀是這個階段的主要內容。夢源的觀點已經暗示了夢具有某些功能，先民對夢價值的探索，實際上就是在選擇解讀夢境的角度。

　　古往今來，人們對於來源神祕的東西總是充滿期待，相信它們具備種種神奇的功能。人類在看待夢時也是如此，我們相信夢可以預知吉凶，相信夢反映身體中的病灶。中國的古人們從夢象中尋找夢意，西方心理學家透過顯夢猜測隱夢，都是運用取象比類的手法使夢境和人們眼中夢的功能發生連繫。取象比類，就是一種由此及彼的象徵。對夢的象徵性解讀，就是釋夢的過程。

符號象徵與主題象徵

　　中西方的釋夢過程具有相似的結構，釋夢者創造出「夢兆」，從而形成「夢象 —— 夢兆 —— 夢意」的推理模式。夢兆是夢象的引申，也是釋夢的關鍵，創造夢兆一般運用符號象徵

和主題象徵兩種方法。

　　佛洛伊德運用的就是符號象徵的方法，他認為象徵是「特殊的隱喻」，象徵物與被象徵物是簡單的替代關係。在他的理論中，大量的意象都可以被解讀成性符號。比如手杖、樹木、雨傘，與洞穴、瓶子、帽子分別代表兩性的生殖器官，而跳舞、騎馬、爬山、飛行則代表了性行為。佛洛伊德還主張先透過引導做夢者自由聯想，找到發夢的原因，再運用象徵法解釋夢境。然而，符號象徵是一種受制約的象徵，夢兆也往往是對夢意的附會。

　　這種制約性在主題象徵中大大減弱。榮格在釋夢時會強調和做夢者一起去發掘夢的主題，找出夢背後指向的「原型」，這種夢象與「原型」之間的關係就是主題象徵。經常被提及的原型意像有阿尼瑪（Anima）、阿尼姆斯（Animus）和人格面具。

　　阿尼瑪指男人內在的女性存在，反之女性內在的男性部分被稱作阿尼姆斯；人格面具則象徵我們在社會生活中扮演的表面人格。外在的人格面具和內在的阿尼瑪或阿尼姆斯的衝突，是許多夢境和與之相關的文學作品的主題，上文中提到的《聊齋》就是一例。

　　實際上在中國文化中，有一個更為著名的阿尼瑪原型，他就是賈寶玉。兒女情長，風雲氣少，賈寶玉對女性的態度、與賈父的對抗，可以看作是阿尼瑪對人格面具的報復。他對林

黛玉的一見鍾情，覺得似曾相識，其實也是阿尼瑪原型的一種投射。

　　佛洛伊德和榮格眼中象徵的不同，源於他們對夢的功能的不同理解。佛洛伊德將夢看作是解決精神疾病的途徑，所以首要是找到病因，推理過程是「夢象 ── 夢意 ── 夢兆」，在這個過程中夢像是客觀的，夢意是既成的，夢兆只是一種簡單的連繫；榮格把夢看作是維持做夢者心靈平衡的一種現象，是潛意識的一封來信，夢完全是一種「象徵的語言」、一道關於象徵的謎題，釋夢者的推理過程就是「夢象 ── 夢兆 ── 夢意」，找到夢兆是最關鍵的步驟。

占斷之夢與文學之夢

　　以上兩種象徵方式在中國的夢文化中都有體現。在古代，人們往往將夢和日常生活連繫在一起，認為夢具備預示未來、占斷吉凶的能力。帶著這種對夢的功能的理解，和佛洛伊德一樣，古人在占夢時多採用符號象徵的手法，這一點在占辭中得以體現。占辭包括夢象之辭、釋夢之辭和占斷之辭，分別對應夢象、夢兆和夢意。

　　舉個例子，有段占辭是「夢天高亮，陽明顯達之意，萬事亨吉」，其中的「夢天高亮」是夢象，「陽明顯達之意」是釋夢，而「萬事亨吉」是占斷之辭。這種占辭的結構和龜占、易占相似，

龜書的釋兆之辭在兆紋之後，易書的釋卦之辭在卦象之後，都呈現出「夢象 —— 夢兆 —— 夢意」的解讀模式。然而，占辭中的釋夢之辭並不總是在中間位置，時而提前，時而調後，甚至有省略不講的情況出現，比如「夢見上山，所求皆得」。這些內容會在第二章介紹占夢時詳細提到。

占辭中存在大量的符號象徵，日月便是經常被提起的象徵物。日代表陽，象徵君德；月代表陰，象徵后妃、大臣。凡是夢見日月的，都是貴兆，有夢書記載「夢見日月者，主大赫；夢見日月照身，大貴；夢見拜日月者，大吉」。某些典故也會轉化為具備象徵意義的符號，比如「燕姞夢蘭」。

《左傳》中記載，鄭文公有個名叫燕姞的賤妾，夢見天使給了她一支蘭花，天使對她說：「我是伯鯈，是你的祖先，把這蘭花送給你做兒子吧！」不久以後，文公要燕姞侍寢，燕姞就對文公說：「妾的地位低賤，如果僥倖懷了孩子，恐怕別人不相信，請您賜我一支蘭花作為證明。」文公就說：「好！」果然，燕姞懷孕生了兒子，取名為蘭，就是後來的鄭穆公。這個故事廣為流傳，使「夢蘭」與受孕之間建立起固定的連繫，「夢蘭」也就漸漸成為女子受孕的一種預示，元稹就曾寫過「頭白夫妻分無子，誰令蘭夢感衰翁」。

在占夢過程中，中國的古人運用比喻、象徵、聯想、類推等占夢之術，創造了許多的符號象徵關係。其中的象徵物與被

象徵物的數量、種類、範圍都遠遠超過佛洛伊德理論中的象徵手法，而占夢過程的複雜性和靈活性也更為高明。但是由於古人對夢功能的理解所限，過於追求「占有所驗」，釋夢時常常刻意附會，甚至故作神祕省略不談。

在中國，主題象徵的釋夢方法多見於文學作品中對夢境的描述和解讀。夢在其中充當著揭示主題、指向原型的作用，既是作者的心理投射，也是塑造人物的手段。

《聊齋志異》中的書生一方面飽讀詩書、受社會道德的約束，另一方面又難以透過考取功名的方式獲得認可。這種反差就刺激了書生內在不發達的阿尼瑪與外在人格面具的矛盾，書生急需將自身的兩種原型整合。在整合的過程中，阿尼瑪被投射出去，狐鬼就是這種投射的產物。

男性的阿尼瑪意象隨著心理成長而發展，發展過程有四個階段，分別是肉體阿尼瑪、浪漫阿尼瑪、精神阿尼瑪和智慧阿尼瑪。在《聊齋》中大部分的故事開端，書生與狐鬼都是一種性愛關係。這階段筆墨重在「床戲」，而豔麗迷人的狐鬼就是一種低級的原型意象。

情節繼續發展，如果書生沉迷在肉慾之中，往往就會直接耗盡精血，撒手人寰。這就意味著整合的失敗，負面的阿尼瑪操控了整體，毀滅了其他的原型。一旦男女雙方能夠節制肉慾，並且尋找到共同的愛好，比如詩詞、樂器等，就能夠成為

志同道合的愛人，從而把書生原本「肉體阿尼瑪」的原型提升到了「浪漫阿尼瑪」的階段。

　　隨著夢境的推移，狐鬼往往會贏得書生的真愛，以及身邊人的支持和理解，這象徵著阿尼瑪原型的進一步發育。直到某一天，狐鬼必須離開，就暗示了此時書生的阿尼瑪原型已經成熟，能夠和他的人格面具相匹配。於是這個原型就被重新吸納回來，書生完成了自我整合。

　　連繫中西方的解夢方式可以看出，中國傳統文化中的占夢近似於西方的符號象徵，而文學作品中常見的釋夢則類似於主題象徵。事實上，不論夢有何價值，大都是人主觀賦予的。從意識到夢存在的那天起，人類就在不斷地賦予夢新的內涵與價值。由最初的占斷吉凶，到後來的預言疾病，如今我們已經建立了夢與潛意識之間的生理連繫，可以借助夢的力量來探索人類複雜的內心世界。

　　隨著科學的進步和人們認知水準的提高，很多奇妙的夢學問題都揭開了它神祕的面紗，然而這絲毫不影響人們探索夢、研究夢的熱情。只要我們每晚還能入眠，還能獲得那些亦真亦幻的夢體驗，夢就永遠是人類最感興趣的謎題之一。我們對這個謎題做出的每一次解謎嘗試，都可以看作是人類對夢的神祕性發起的不懈挑戰，正是這些挑戰成就了現今絢麗多姿的夢文化。

　　下一章中我們將跨越時空的界限，回顧中國古人對夢的最初解讀 —— 夢的占斷。

第二章　斯芬克斯的謎底
——占夢理論談

　　在古希臘，流傳著這樣一個神話故事：忒拜（Thebes）有個叫斯芬克斯（Sphinx）的女妖，她人面獅身，居住在忒拜城外的懸崖上，每天向過路人提出繆斯（Muses）所傳授的謎題，一旦路人無法猜中謎底，就會被她撕吞入腹。後來，人們將那些神祕難解的問題稱為斯芬克斯之謎，夢便是有史以來最難捉摸的斯芬克斯之謎。

　　從古至今，從東方到西方，不同時空裡的人總會為了滿足自己的好奇和需求，嘗試著用各種方法來解釋夢，夢學理論因此不斷發展和創新，解夢的手段也日新月異。如今，我們再回首曾經的解夢之道，看到的是濃郁的神祕色彩、宗教迷信色彩和不時閃耀的智慧之光。

第一節　窺視未來的鏡子 ── 占夢的誕生

　　古代中國，占夢在相當長的一段時間內占據著夢學的統治地位。在誕生之初，占夢就擁有了「貴族」的身分，它的發展歷程是由莊重的儀式化向世俗的常態化的過渡。上古三代起，占夢作為上層社會占卜活動中的重要一環迅猛發展，理論逐漸成熟，相關「教材」也日益豐富。占夢作為一種「有中國特色」的文化現象，始終散發著驚人的神奇魅力。

黃帝夢得風后 —— 殷商前的占夢

今天，當我們追溯占夢文化的歷史時，通常會將它的起源歸結到一個古老的故事上。相傳，華夏民族的先祖黃帝一度為尋找安邦治國之良臣而苦惱，後來他做了一個不尋常的夢，夢到了「大風吹天下之塵垢皆去」、「人執千鈞之弩驅羊萬群」。

夢醒後的黃帝認定，這是上天對自己的指引。他對夢象進行了占斷，認為可據「大風」和「塵垢皆去」解出「風」、「后」二字，繼而可據「執千鈞之弩」和「驅羊萬群」解出「力」、「牧」二字。

於是黃帝相信，上天正是派了風后、力牧二人來幫助他治理國家，他在全國範圍內遍尋風后、力牧。功夫不負有心人，不久後，黃帝便得償所願，找到了心儀的輔政良材。正是風后、力牧二人協助始祖黃帝，開創了華夏民族最初的輝煌時代。

事實上，上古關於占夢的神話傳說還有很多，這些故事總是與帝王霸業的建立有密不可分的連繫。相傳，堯曾做過攀天成龍之夢，舜則做過長眉、擊鼓之夢，這兩位後來都成了華夏民族的統治者，他們夢見的天、龍、擊鼓，也就被占夢者附會為帝王即位之兆。

著名的治水英雄大禹也有占夢的故事，傳說他曾在夢中見到山書、洗河和乘舟過月，山書之夢被認為昭示了大禹治水早有上天庇佑，他已得治水之真經；洗河之夢預示他必能擁有輝

煌的治水生涯；而乘舟過月有「天上行」之意，代表他終將榮登
帝位。

上古的傳說告訴我們，占夢行為在史前就已發生在統治階
層中，無論是黃帝還是堯、舜、禹、湯，都留下了類似的占夢
故事。這些故事裡，先聖們對於占夢有著虔誠的態度和系統的
認知，相信夢象必然代表了上天的某種旨意，他們的任務就是
占得上天的神意，並且將其執行到底。

從殷人夢鬼到飛熊入夢 ── 殷周時代的占夢

如果我們拋開這些所謂的傳說故事，回到文獻材料中找證
據，可以發現，早在殷商時期的甲骨卜辭中，就有很多關於占
夢的記載。翻開甲骨卜辭的合集，可以看到大量有關「吉凶夢
幻」的占卜文字，比如「庚辰卜，貞多鬼夢，不至田」等。

殷商一代，受到尚鬼心理的影響，商王多做鬼夢，占夢時
常懷畏懼之心。卜辭中顯示，殷人夢象豐富，囊括人物、鬼
怪、天象、走獸、田獵、祭祀等諸多方面。而先考、先妣、鬼
怪以及死亡的猛獸是殷人夢中常見的形象。大規模的文字記錄
說明，利用龜卜來占夢，在商王族的生活中占有重要的位置，
或已成為一種約定俗成的習慣。

占夢的完全成熟，出現在上古時代鼎盛的西周王朝時期。
文獻證據顯示，早在武王滅商之前，其占夢活動就已經極為頻

繁。司馬遷曾說「文王拘而演周易」,周文王本身除了是一位占筮算卦高手外,還屢有占夢佳績,他飛熊入夢而得姜子牙的故事很有名氣。

另據《禮記‧文王世子》記載,周文王病重時武王夢見天帝給他「九齡」,他自己占之為「西方有九國焉,君王其終撫諸」之兆,但文王有不同意見,他占此夢為年齡之兆,認為上天示意武王有九十的壽數,出於愛子之心他將自己百歲壽齡讓與武王三歲。果然,後來文王九十七乃終,武王九十三而終。

周民族將象徵法引入占夢,對占夢方法的拓寬有重要貢獻,《逸周書》所載「太姒夢梓」的故事是其中的範例。周武王的母親太姒夢到商人的庭院裡生長著棘木,武王從周人的庭院裡拔來梓樹,栽在棘木之間,梓樹就變成了松樹、柏樹、棫樹和柞樹。這裡的商庭和周庭分別代表殷、周統治,棘和梓則是力量的象徵。棘是灌木,而梓是喬木,喬木的長勢終會超過灌木,而梓化為松、柏、棫、柞,它們都是粗壯結實的大樹。梓木在荊棘叢中長成參天大樹,這就寓意周人必將從殷人那裡接過天命,果然後來周武王得以滅商。

周人占夢克服了殷人消極畏懼的心理,根據《周禮‧春官‧占夢》的記載,周人夢心理趨吉,這個時期的占夢者都有一種報喜不報憂的職業習慣,周人占夢時呈現出的積極自信的態度與時代的精神氣象相契合。然而,從一定程度上說,周人占夢不

再執著於「問憂不問喜」，也使他們喪失了殷人占夢時所表現出謹慎的憂患意識。

　　隨著占夢行為的不斷深化，周人占夢較之殷商更加嚴肅莊重，周王朝內部設有專職的占夢團隊以執掌此事，周人建立起包含儀式、方法在內的一整套完備的占夢制度。可以說，殷周時代，占夢作為一種官方的信仰逐步實現制度化，並最終達到了一個巔峰。周代以後，占夢行為的實施始終沒有離開商周人所建立起的這套體系。

第二節　從夢象到占驗 —— 占夢的定義

管窺一斑 —— 什麼是占夢

　　在為占夢下定義之前要先釐清一件事，占夢雖然與龜卜、占筮、占星等共同構成了上古絢爛多彩的占卜文化，但它與其他占卜形式是有區別的。占夢並不採用外在的、物化的神祕符號來溝通人神，它以做夢者本身的夢體驗為依據來預測人事的吉凶禍福，這點使占夢天然地擁有了更加神祕的誘惑力。

　　《左傳》中曾經用很玄妙的語言概括過占夢，它說「占夢掌其歲時，觀天地之會，辨陰陽之氣，以日月星辰占六夢之吉凶」。如果用現在的語言簡單為占夢下個定義，大概可以描述

成：占夢是由專門的神職人員或者有經驗的人（包括做夢者自己）依據龜兆、筮法、夢法、陰陽、日月星辰等方法，對做夢者的夢體驗做出解釋，以預測未來人事的吉凶禍福的過程。

　　從定義出發，根據占夢者的不同，可將占夢簡單地分為自占和他占兩類：

　　自占是由做夢者來占斷自己的夢，前面講到的黃帝夢得風后、力牧的故事就是自占的典型例子。《左傳》中有不少關於自占的記載，昭公十一年時有個叫泉丘的女子夢見她用帷幕覆蓋了孟氏的宗廟，便私奔到孟僖子那兒作妾。這個女子不僅自占其夢，還敢於不顧世俗眼光地將夢付諸行動。

　　他占中的占夢者既可以是太卜等專業神職人員，也可以是君主、大夫、史官、有經驗的老人家等「兼職」占卜的「多面手」。

　　一般認為，西周時代占夢官成為官員體系中的一部分，《周禮・春官》記載「占夢中士二人，史二人，徒四人」，這是鼎盛時期占夢官的標準配置。當君王遇到較為複雜或者重大的夢體驗時，他們會求助於自己的占夢官。《詩經・小雅・斯干》篇中「大人占之，維熊維羆，男子之祥；維虺維蛇，女子之祥」就是占夢官為王室占夢的記載。

　　實際上，由非專職人員進行占夢的情況更為多見，周族二王占太姒夢梓的故事中就是由君主親自來占夢。春秋以後，史

官接過占夢「接力棒」，肩負起為國君答疑解惑的職責，史墨占趙簡子之夢的故事便是如此，《國語》中所載虢公夢神人白毛虎爪而令史囂占之的故事也是如此；另外，大夫名臣也成為占夢的生力軍，比如在魯昭公七年時，鄭國名臣子產就曾為晉侯占黃熊入於寢門之夢。

另外，根據著眼點的不同，可以將占夢分為鬼神之占和疾病之占兩大類：鬼神之占借助陰陽八卦、日月星辰、鬼神魂魄、社會人事，以及象徵類比、拆字諧聲等方法預斷世事吉凶，為迷信披上科學的外衣，在古代占夢史上占據著統治地位；疾病之占則是依照中醫學上經絡五行等理論，對人體疾病進行預測性診斷的過程，相對而言有更高的科學價值，但始終沒有擺脫「旁系別支」的身分。

夢象、釋夢與占斷 —— 占夢之辭

將占夢過程記載下來的語言就叫占夢之辭，通常包含夢象之辭、釋夢之辭和占斷之辭三部分：夢象之辭就是述說夢體驗的文字，早期只記形象，後來描述性的語言漸漸增多；釋夢之辭是解釋夢象、說明夢意的文字，是占夢者依據占夢之法的自圓其說，這部分在占辭中可有可無；占斷之辭是判斷吉凶、預測未來的文字，其類型根據夢象而生、多種多樣。

《夢林玄解》中有一則標準的占辭：「夢天崩裂，凡百憂虞，

上危中決，主有大敗大喪。」這裡「夢天崩裂」是夢象之辭，「凡百憂虞，上危中決」是釋夢之辭，而「主有大敗大喪」是占斷之辭。可見，占辭的規範格式是夢象之辭在前、釋夢之辭居中、占斷之辭斷後。

實際上，釋夢之辭在占辭中的位置多變，有繁有簡，甚至可有可無。《太平御覽》中「斤斧為選士，取有材。夢得斤斧，選士來」，釋夢之辭出現在夢像之前，好像是占夢的大前提；《藝文類聚》中「夢見灶者，憂求婦嫁女。何以言之？井灶，女執信之象」，釋夢之辭在占斷之後，進一步說明占斷根據；如《北堂書鈔》：「夢見新歲，命延長」、《敦煌遺書》：「夢見地劈，憂母損」等均無釋夢之辭。

另外占斷之辭的類型也是多種多樣：「夢見屋中牛馬，凶」直接判斷吉凶，不做任何具體說明；「夢見騎羊，得好婦」只說明了所預兆的內容；「夢見上天者，大吉，生貴子」兼談吉凶與預兆內容；而「夢見雨落，春夏吉，秋冬者凶」則是分而論之，為占斷加上了限制條件。

除了結構方式外，占辭中的邏輯也很值得關注，很多時候夢象與占斷之間的邏輯關係顯得撲朔迷離，甚至相同相似的夢象會對應相異相反的占斷。比如，《敦煌遺書》中所載「夢見煞牛，得財大喜」和「夢見煞牛、馬，家破」兩則夢像極為相近，占斷卻截然相反。由於占夢缺乏科學依據，占夢人必須考慮做

夢者的實際情況來占斷，結果自然因人而異。

　　最後來看一則比較複雜的占辭，它出現在《夢林玄解》中：「夢天上對弈。占曰：此夢對壘紛爭之象。凡事夢此，勝則為祥，負則為殃，和則為安。天機一著，應在三百六十之數。」這則占辭中夢象、釋夢、占斷三部分內容完整，釋夢之辭詳盡周到，占斷時考慮不同條件分別得出結果，占辭邏輯相對嚴密，是教科書式的占夢記載。

　　作為占夢教材，《周公解夢》聲名在外，實際上它出現得很晚，而且成書情況很複雜。根據文獻記載，西漢時專業的夢書就已經出現，只是《黃帝長柳占夢》、《甘德長柳占夢》等早期夢書均已亡佚。可喜的是，我們在敦煌莫高窟的出土文物中發現了古本《敦煌解夢書》，其中的大量記載是對唐前占夢文獻材料的有力補充。

第三節　雙管齊下
——占夢理論發展與夢的分類

　　有賴於人們對於夢的執著思考與探索，由此而生的「占夢」雖然包含濃厚的迷信思想，但也絕不只是「封建迷信」那麼簡單。事實上，在眾多哲學家、思想家的努力下，中國古代形成了系統的占夢理論和夢學分類模式，這些理論無不體現出智慧的力量。

　　中國占夢理論的起源最早可以追溯到殷商時期。在過去的研究中，受制於稀少的文獻材料，我們總是不能窺見殷商占夢思想的全貌。隨著越來越多的甲骨文再現於世，我們有幸可以接觸到這些三千年前殷人夢文化的第一手材料。

　　商代的占夢思想可以從夢景、夢人、夢因、夢禍等方面去考察。甲骨卜辭中所描述的夢象如天氣晴雨、雷震地動、出師使伐、祭祀狩獵、親人猛獸等都是較為生活化的，大抵不出社會生存環境中目所能見的事物。個人的心理、生理、個性、病理以及自然、社會、氣候等環境現象往往是殷商人認定的夢因。

　　殷人占夢實實在在地反映了當時統治階層的憂患意識，他們常常將夢看作鬼魂對憂咎禍孽的示兆。殷人釋夢簡單直接，那個時代的文字中還沒有廣泛使用象徵法占夢的跡象。我們今天已經無法找到關於殷商時代占夢理論的具體記載，但依然可以從甲骨卜辭中看到占夢行為的輝煌過往。

理論的雛形 ──《周禮·春官》中的「六夢」說

　　當西周文明的曙光照耀大地時，占夢終於迎來了它的黃金時代。《周禮·春官·占夢》中第一次提到了所謂「六夢」說，這是中國有文獻記載以來最早最系統的夢類型理論。漢代以後，中國形成了兩大占夢理論發展體系，其中之一就是歷代經學家對於《周禮》中這段理論的闡釋和解讀。

我們先來看《周禮・春官》中這段原文：

占夢，掌其歲時，觀天地之會，辨陰陽之氣，以日月星辰占六夢之吉凶：一曰正夢，二曰噩夢，三曰思夢，四曰寤夢，五曰喜夢，六曰懼夢。

這段話截止到「占六夢之吉凶」講的都是占夢方法，前面已經簡介過，後面還會具體論述，這裡暫時存而不論。我們只看後面六個短句，正是這六句話二十四個字引發了兩千多年經學家們一次次的大論戰，論戰的焦點就在於如何理解這所謂的「六夢」而不發生概念的混淆。

《周禮》並不著力於論述，它看上去更像一本烏托邦的體系構想圖。正因為這種書寫體例的限制，書中很多概念都沒有交代清楚，這其中就包括了「六夢」的準確含義。今天我們在《周禮》中能找到的就只有「正夢」、「噩夢」、「思夢」、「寤夢」、「喜夢」和「懼夢」這六個名詞，再也找不到一丁點兒關於這六個詞的解釋了。

現有材料中最早論述占夢理論並對「六夢」做出解釋的，是東漢末年的大經學家鄭玄。鄭玄身兼經學和方術的雙重背景，他對「六夢」的解釋既是漢代經學家所奉行的「真理」，也影響到了宋代理學家對占夢概念的理解。

鄭玄《周禮注》曰：「夢者，人精神所寤可占者。」人在睡眠狀態下「自以為覺」，這時所見的人與物就是夢。在肯定占夢的

前提下，鄭玄並不十分關注到底應該怎麼占夢，反而更加致力於解釋「六夢」的含義。

　　他認為「正夢」就是「無所感動，平安自夢」，是在平和恬淡的心態下所做之夢，其內容也是平平常常、無憂無喜的。宋代經學的代表人物朱熹在這一解釋的基礎上賦予「正夢」以道德的內涵，他認為「思之有善與惡」，夢也就有「正與邪」，而且「正夢」還必須要實驗。真德秀支持朱熹的解釋，認為只有「殷高宗夢得傅說」、「孔子夢見周公」這類夢才叫「正夢」。

　　「噩夢」中的「噩」被鄭玄看作是「愕」的通假字，「愕」是驚愕的意思，「噩夢」就是因驚愕而夢或者夢的內容使人驚愕。人們闡釋噩夢這個概念時，會將它與「愕夢」對等，宋代範成大有「早晚北窗尋噩夢，故夜含笑老榆扮」，清代錢謙益亦有「愕夢纏綿尚記存」，都是「噩夢」、「愕夢」對等的表達。

　　不過，後世經學家認為這種解釋將「噩夢」與「懼夢」相混淆，噩夢固然包含驚愕的成分，但更主要的是指「夢魘」。夢魘者因夢而心驚膽顫，已經超出了驚愕的程度，可能已經受到了嚴重的精神創傷。

　　鄭玄認為「思夢」指的是「覺時思念之而夢」，通俗地說就是日有所思、夜有所夢，而且可能夢中還含有思念的成分。這類夢因其充沛的感情色彩而成了歷代詩文中的常客，無數思鄉夢、思賢夢、思親夢從文人們的筆端湧出。孟浩然有「雲山陰夢

思」之句，韓翃亦有詩云「天外銅梁多夢思」，思夢範圍很廣，思念用情的角度也很多。

鄭玄對「寤夢」的解釋比較玄妙，認為是「覺時道之而夢」。唐代賈公彥進一步解釋說，「寤夢」不同於「思夢」之處，在於它不是憑空思念而成的，而是由醒時所見、所言而生成的。不過，也有人認為「寤」指的是睡眠到覺醒的中間狀態，「寤夢」更像是「晝夢」或者「白日夢」，漢武帝《悼李大人賦》中「歡接狎以離別兮，宵寤夢之芒芒」寫的就是這樣的夢。

「喜夢」和「懼夢」兩個概念相對比較簡單：「喜夢」不僅指「喜悅而夢」，也指夢境使人喜悅，美夢、甜夢、綺夢、償夢、爽夢都屬於喜夢；「懼夢」不僅指「恐懼而夢」，也指令人恐懼的夢，驚夢等也屬於懼夢。

總體看，宋代理學家的占夢理論整體特徵，是從天人關係的角度來說明夢占的吉凶。無論是王昭禹、呂祖謙、朱熹，還是王叔晦、輔廣，他們都認為夢是人的精神與天地陰陽的流通，宋人對占夢術沒有興趣，在將夢提升到天人之際的高度時，也沒有具體的論述說明。

《周禮》中的「六夢」是目前可見中國古代最早對夢的劃分方法，是周代占夢官們實踐經驗的結晶，主要根據的是夢的內容和做夢者的心理特徵。雖然占夢官號稱「以日月星辰占六夢之吉凶」，但為了追求更高的「占驗成功率」，他們已經不自覺地開始

對做夢者進行「心理分析」，這是《周禮》「六夢」最啟迪人心之處。後代經學家們披肝瀝膽地探討「六夢」，卻往往囿於成規而難有大成。

漢代以後，占夢理論漸漸突破對《周禮·六夢》的闡釋，眾多占夢書的出現更是提升了占夢理論的發展速度，新的理論體系應運而生，與原有的「六夢」體系相輔相成、並駕齊驅。

理論的基石 ── 王符的《潛夫論·夢列》

兩漢最具代表性的夢學理論來自東漢王符所作的《潛夫論·夢列》，這篇文章裡王符總結了占夢的基本原則：

夫占夢必審其變故，審其徵候，內考情意，外考王相，則吉凶之符、善惡之效，庶可見也。

王符認為，掌握發夢前的種種變化、了解具體的夢境夢象、搞清做夢者內心的感情和欲望、把握發夢時的時令氣節，以及五行相生相剋的情況，就可以占斷夢的吉凶。文中指出，夢象凶吉的一般標準是：凡夢象清潔美好、整體上呈現「光明溫和，升上向興之象」的屬於吉夢；凡夢象穢臭汙濁、整體上呈現「解落墜下，向衰之象」的屬於凶夢。

《潛夫論·夢列》篇中最有價值之處在於提出了經典的「十夢」說，「十夢」說大大拓展了《周禮》「六夢」說，為漢代至今夢的類別研究奠定了良好的基礎：

　　凡夢：有直、有像、有精、有想、有人、有感、有時、有反、有病、有性……先有所夢，後無差忒者，謂之直；比擬相肖，謂之象；凝念注神，謂之精；晝有所思，夜夢其事，乍吉乍凶，善惡不信者，謂之想；貴賤賢愚，男女長少，謂之人；風雨寒暑，謂之感；五行王相，謂之時；陰極即吉，陽極即凶，謂之反；觀其所疾，察其所夢，謂之病；心情好惡，於事有驗，謂之性。凡此十者，占夢之大略也。

　　「直夢」就是直應之夢，夢兆與現實的人、事完全契合。《左傳》中記載，周武王后妃邑姜懷太叔時，夢見天帝告訴她：「給你的兒子起名叫虞，把唐地封給他。」結果太叔出生時，掌紋中竟有一個「虞」字，於是就以此為名，後來成王滅唐後還把唐地封給了他。這個夢有很強的神道設教思想，是標準的直應之夢。

　　「像夢」就是象兆之夢，夢兆是人事的象徵，夢裡的景象與人事間可以找到某種相似關係。《詩經》中有詩句表明，夢見熊羆為生男之兆，夢見虺蛇為生女之兆，夢見魚多為豐年之兆，夢見旐旟將人丁興旺，這類夢例就是象兆之夢。

　　「精夢」可能來源於《呂氏春秋‧博志》中對孔子、墨子夢文王、周公的評價。「精而熟之」，「凝念注神」，夢因精神執著專注而成，這揭示的是夢的心理內因。後來文學作品中將「精夢」演繹成因為至情至性而做到「夢中身，人可見」，這就難免有牽強附會之嫌了。

　　「想夢」是記想之夢，與「精夢」一樣都是在闡釋夢的心理內因。與《周禮》中的「思夢」類似，想夢說的是日有所思夜有所夢。而王符自己解釋時所說的「乍吉乍凶，善惡不信」就是對「想夢」的一種占斷。可以看出，「想夢」占斷起來難度大，吉凶不確定，善惡應驗也不確定。

　　「人夢」是人位之夢，這是從占夢角度出發的概念，認為同樣一個事物出現在不同人的夢中有不同的意義。「人夢」雖然有迷信含義，但它關懷到不同生長環境、不同社會階層的做夢者存在的個體差異，這種關懷本身是科學的。

　　「感夢」是感氣之夢，王符舉例解釋「感夢」時說：「陰雨之夢，使人厭迷；陽旱之夢，使人亂離；大寒之夢，使人怨悲；大風之夢，使人飄飛。」仔細看夢例可以發現，風雨寒暑對夢者來說都屬於外感，感夢實際是《黃帝內經》中「浮邪發夢」的具體化，涉及夢的生理和病理原因。

　　「時夢」是應時之夢，「春夢發生，夏夢高明，秋冬夢藏熟」，四時由五行推移與王相變化而成，不同的季節常有不同的夢象。四時季節變換也是一種外感，與「感夢」類似，「時夢」也是「淫邪發夢」的具體化。

　　歷代詩詞中有很多關於四時夢境的描繪。唐代許渾有詩曰：「如何一花髮，春夢遍江潭。」宋代陸游詩云：「夢到畫堂人不見，一雙輕燕蹴箏弦。」唐代杜牧詩曰：「孤鴻秋出塞，一葉暗

辭林。」宋代方岳也有詞曰:「群山如畫,一一瓊瑤琢,中有玉田三萬頃。」

「反夢」的說法到今天仍然很流行,陰陽「造極相反」,夢象就有可能是人事的反兆,占夢時可以從夢象反面來占斷吉凶。《左傳》中記載,晉文公在晉楚城濮大戰的前夜做了一個看似很不吉利的夢,他夢到楚王伏在他身上吸吮他的腦髓。城濮之戰最終以晉國大勝結束,這個夢就成了反夢的典型。占夢家往往需要靈活占夢,「反夢」是他們自圓其說的一大法寶。

「病夢」是病氣之夢,其概念來源於《黃帝內經》。王符所舉的夢例是:「陰病夢寒,陽病夢熱,內病夢亂,外病夢發;百病之夢,或散或集。」病夢的占斷與前面各類夢的占斷有比較大的區別,它是占夢的旁支,相對而言有更深層次的醫學理論支持,各類病夢均可與一定的病理原因相對應。

「性夢」指的是「性情之夢」,是說人的心情會影響占夢的結果,要依據做夢者不同的稟性和心情來占斷夢的吉凶,這類夢同樣涉及夢的精神心理原因和做夢者的個體差異。

王符在《潛夫論・夢列》中總結時說:「凡此十者,占夢之大略也。」王符的「十夢」理論相對《周禮》「六夢」說更加系統詳備,在以占夢為理論基礎的前提下,「十夢」中相當一部分類別都體現出科學性、合理性,這點難能可貴。後代學者認為,王符的「十夢」理論不只可以稱為「占夢之大略」,更可以稱為

「析夢之大略」。

　　占夢理論在王符以後相當長的一段時間裡，都沒能獲得突破性進展。直到一千五百年後，明代雜學大師陳士元異軍突起，集眾家之觀點而成一家之言，改寫了占夢理論發展史。

理論的巔峰 —— 陳士元的《夢占逸旨》

　　陳士元不是占夢家，他八十二年的人生中從來沒有占過一個夢，但他卻是中國占夢史上值得大書特書的人物，他的《夢占逸旨》是古代占夢文化的集大成之作。陳士元所記下的各類夢例、構建起的占夢哲學體系和歸納出的夢的分類方法，都稱得上是古代夢學理論發展的最高峰。

　　要關注陳士元的占夢哲學，首先要看他對夢本質的理解，他說：

　　魂能知來，魄能藏往。人之晝興也，魂麗於目；夜寐也，魄宿於肝。魂麗於目，故能見焉；魄藏於肝，故能夢焉。夢者，神之遊，知來之鏡也。

　　這段話中的真正核心就是最後一句：「夢者，神之遊，知來之鏡也。」陳士元強調魂離身而魄猶在，而且認為夢就是窺見未來的一面鏡子。

　　作為明人，陳士元實際上繼承了宋代理學家以天人感應說明夢的傳統，他致力於深入探索和論述這一觀點，因此在他筆

下有很多因果報應類的夢例記載，與宋人一樣，他的理論中也有很多赤裸裸的神道設教成分。

陳士元占夢哲學的特色，在於將夢作為「知來之鏡」的解釋，他認為「世變無恆，幾則先肇」，世界上任何事物的變化都會有某種先兆或者端倪，夢就是這種先兆；夢之所以可以占斷，是因為天地本身就有凶吉之夢，並且要以此來感化人。這些觀點帶有很強的創造性，甚至離今天的認知也並不遙遠，但陳士元最後還是繞回到了占夢這個傳統上。

《夢占逸旨》中，陳士元綜合歷代諸家夢說，根據發夢的不同原因、夢象與夢兆的不同關係將夢歸納成九大類：

感變九端，疇識其由然哉？一曰氣盛、二曰氣虛、三曰邪寓、四曰體滯、五曰情溢、六曰直葉、七曰比象、八曰反極、九曰厲妖。

「氣盛之夢」主要指因「邪氣盛」所導致的十五種夢象，其中囊括《靈樞・淫邪發夢》、《素問・脈要精微論》等多篇典籍中對於夢的論述，其主體是上章中已經提到的《靈樞》中的所謂「十二盛」。《列子》中講「一體之盈虛消息，皆通於天地，應於物類」，當陰氣盛時會因夢到洪水而感到恐懼，當陽氣盛時會因夢到大火而感到燔爇，而當陰陽兩氣皆盛時就會夢到生殺大事。

「氣虛之夢」指因「正氣虛」而導致的十種夢象，其中包括《素問・方盛衰論》中列出的五種臟腑氣虛的情況及其相應夢象。

《列子》中也講「以浮虛為疾者，則夢揚」，認為氣虛之人的夢像往往較為輕揚。

「邪寓之夢」主要指邪氣侵入五臟、六腑、頸項、腿脛、股肱等處所反映出的十五種夢象。《靈樞·淫邪發夢》中講，邪氣侵入腎就會夢到站在水邊，侵入肝就會夢見山林樹木，侵入項部就會夢見斬首等等。

「體滯之夢」說的是睡眠時身體受到外界物質壓阻，導致氣滯不通暢時引發的各種夢象。《列子》中講，繫著腰帶睡覺就會夢到蛇，有飛鳥銜著頭髮就會夢到飛翔，這就是「體滯之夢」。實際上，這類夢不只與肉體的知覺凝滯相關，還與心理上的「衍化」有連繫。

「情溢之夢」純粹由心理原因引發，指因七情過度而招致的夢，「過喜則夢開，過怒則夢閉，過懼則夢匿，過憂則夢嗔，過哀則夢救，過忿則夢詈，過驚則夢狂」。

以上五種類型的夢根據是發夢的原因，其中既包括了由生理原因而生的夢，也包括了由心理原因而生的夢，可謂涵蓋周全，還兼有較強的科學性。

第六類「直葉之夢」就是王符所說的「直夢」，夢體驗在現實生活中直接應驗，這類夢多與平時生活有直接關聯。

「比象之夢」指的是「緣象比類」而有應驗的夢。古人認為「將蒞官則夢棺，將得錢則夢穢，將貴顯則夢登高，將雨則夢

魚，將食則夢呼犬，將遭喪則夢白衣，將沐恩寵則夢衣錦，謀為不遂則夢荊棘泥途」。可以看出，這類夢象與夢兆之間存在某種關聯，比如「棺」和「官」諧音，「登高」和「顯貴」性質類似等。

「緣象比類」從周代起就是占夢家的主要謀生方法，人類的夢境很多時候無法直接轉化成現實生活，這時附會就在所難免。然而有趣的是，夢這種神奇的事物確實存在著「因衍」變化，有時「緣象比類」確實可以解釋一些夢，不能完全將其劃為迷信範疇。夢的「因衍」變化恐怕才是占夢家擁有高成功率的「祕訣」吧！

「反極之夢」就是王符所說的「反夢」。人們很早以前就注意到，不少夢象都與現實生活有相反的關係，比如生活中有口舌之爭時會夢到歌舞，身體不健康時會夢到痊癒，感覺飢餓時會夢到飽腹，白衣守孝時會夢到身著美麗的服飾。現代心理學家認為，「反夢」的出現多與心理上惴惴憂慮、急於擺脫困境的強烈願望有關係，確有一定的科學依據。

以上三類夢是根據夢象與夢兆的關係形成的，其大旨在王符「十夢」說中已基本成型，陳士元總結出來顯得更加簡潔嚴謹，而且還能自覺注意到占夢迷信外衣下的科學內涵。

最後一類「厲妖之夢」本身是典型的神道設教，指的是厲鬼、妖魔作祟而生成的夢。不過，陳士元的解釋中還是能體現

較強的科學意識。他認為，之所以常做「鬼夢」是因為自身「志慮疑猜，神氣昏亂」，「志慮疑猜」用一句俗話代替就是「疑心生暗鬼」，「神氣昏亂」則近似於現代醫學中所謂的「神經衰弱」。

　　陳士元是古代最名副其實的占夢理論家，但他的「九夢」說中絕大部分都有一定的經驗根據和科學內涵，絕不僅僅是占夢家坑蒙拐騙的道具。當然，「九夢」說本身仍然存在著分類標準不統一等問題，但在心理學並不發達的中國古代，能提出這樣的理論已經難能可貴了。

理論的補充 —— 夢海拾遺

　　陳士元整理編著的另一部夢學巨作是《夢林玄解》，這是一部標準的占夢家辭典。後來，明代學者何棟如在重新整理這部書的過程中，再次對西周以來的各種夢分類進行了梳理和改造，並且在《夢林玄解・敘》一文中提出了「十五夢」說的觀點：

　　黃帝首著《長柳圖經》。夏後作致夢，商人作觭夢，有周取咸陟，是謂三夢。三夢之別，日正夢、日噩夢、日思夢、日寤夢、日喜夢、日懼夢，是謂六夢。六夢之變，有直夢、有像夢、有因夢、有想夢、有精夢、有性夢、有人夢、有感夢、有時夢、有反夢、有藉夢、有寄夢、有轉夢、有病夢、有鬼夢。

　　何棟如以上古三法為依託，從《周禮》六夢出發，主要沿用了王符的「十夢」說，並增補了晉代樂廣提出的「因夢」和「想

夢」，以及陳士元的「鬼夢」，自己原創了「藉夢」、「寄夢」、「轉夢」三個新類別。

「藉夢」就是現在所說的託夢，即第一章中提到的神明或先祖入夢。神道設教者往往以此論證鬼神顯靈，「神靈昭現，英魂嚀誠」。《左傳》記載，楚國子玉「自為瓊弁，玉纓」，夢見河神對他說：把這些東西送給我，我賜給你一片土地。這就是河神藉夢與子玉對話。

陸游《老學庵筆記》記載，李知幾年幼時曾祈夢於梓潼神，結果夢見自己到了成都天宇觀，有道士指著織女支架石對他說：「以是為名，則及第矣。」於是改名為石，字知幾，後來果然高中做了大官。

《明史·顏含傳》記載，顏含的兄長顏畿因服藥太多而斃，家人迎喪時旐幡纏在樹上解不開，引喪者絆倒在地，顏畿託夢給弟弟說：「吾壽命未死，但服藥太多，傷我五臟耳。今當復活，慎無葬也。」靈柩回家後他又託夢給妻子說：「吾當復生，可急開棺。」開棺後發現顏畿果然還有氣息。後經顏含等人精心服侍得以生還。

「寄夢」是「他人之夢忽見諸我，己身之夢反見於人」的意思。這類「臣有忠良，主得之夢；子有賢貴，親得之夢」的夢例很多，夢的內容無論怎樣離奇，實際還是以做夢者為中心的。夢中出現他人，是因為做夢者在生活中與這個人有直接或間接

的連繫。即使夢中之事與他人有關，也只表示做夢者對這個人的期望或者預想罷了。

「轉夢」是指夢中原來的情節突然中斷而發生轉換，「日出忽雨，笑者隨泣，方登山而泛舟，頃立地而升天」，這些都是「轉夢」。王符曾講過「一寢之夢，或屢遷多化」，大致就是「轉夢」的意思。根本上說，轉夢是由做夢者自身心態不穩定造成的，與其意識或潛意識中的矛盾相關。

另外，初唐時期的楊上善在《內經》的註釋本《黃帝內經·太素》中所提出的「三夢」說也具有一定的影響力。他認為夢可以分為「征夢」、「想夢」和「病夢」：「人有吉凶，先見於夢，此為征夢也」，「征夢」的概念出自傳統的占夢體系，是楊上善對排斥吉凶占斷的《內經》的一種補充；「思想情深，因見之於夢，此夢為想夢也」，這裡的「想夢」吸收「六夢」說、「十夢」說等觀點，泛指一切由心理原因造成的夢；「因其所病，見之於夢，此為病夢也」，「病夢」本就是《內經》的固有內容，這裡泛指一切由生理原因造成的夢。楊上善的「三夢」說體系簡單、涵蓋面廣，是簡要闡述夢類的最佳版本。

眾所周知，佛教文化是中國文化寶庫中的一個重要組成部分，談及夢的分類時我們不得不提它一筆。佛教起源於印度，由於宗派和傳授不同等原因，現在的佛教文獻中分別有「三夢」、「四夢」和「五夢」之說，另外同為「四夢」、「五夢」又有不同類

別之分。比如《善見律毘婆沙》中認為夢有四種，分別是「四大不合夢」、「先見夢」、「天人夢」、「想夢」；而《三藏法數》中也認為夢有四種，但分別是「無名習氣夢」、「善惡先征夢」、「四大偏增夢」和「巡遊舊識夢」。這些分類無疑都和佛教的教義有密切的關係，這裡我們只做簡要敘述，後面討論夢與宗教的關係時還會具體介紹佛教中的夢說、夢的分類情況以及有關夢的故事。

在二十世紀初出土的《敦煌遺書》中，夢的分類體系與傳統模式有一定的區別。《夢書》中將夢分為十八類，分別是天文章、地理章、山林草木章、水火盜賊章、官祿兄弟章、人身梳鏡章、飯食章、佛道音樂章、莊園屋宅章、衣服章、六畜禽獸章、龍蛇章、刀劍弓弩章、夫妻花粉章、樓閣家具錢帛章、舟車橋市穀物章、生死疾病章和丘墓棺材凶居章。很明顯，這樣的劃分方式更有助於讀者的查找讀取，也是解夢書中劃分夢的類別的根本出發點。

除了上面已經講到的夢的類別外，還有一些類型的夢也常見於古文獻的記載中。夫妻、母子和知交之間總會產生一種默契，與之相關的夢包括兩人彼此相夢的「互夢」、兩人同做一夢的「同夢」；做夢者有時可以知道自己在做夢，這種夢叫「醒夢」；做夢者處於昏迷狀態時會產生幻覺，這其實也是一種夢，姑且可稱之為「昏夢」；有時候一些夢我們做過了還會再重複，這種夢叫「重夢」；有時候做的夢是以前做過的夢的延續，這種叫「續夢」。

採百家之長 ── 當代夢的分類論說

縱覽中國古代的占夢理論發展史，夢的分類和占斷儘管繁冗複雜，但無外乎自然社會、生物人事這個大範疇。為了更加清晰地呈現夢的類型和占夢的特點，當代學者根據夢象的不同，將夢分為天體、日月、氣候、地理、動物、植物、人身、衣食、器物等十類，對各類夢象的吉凶都進行了總結。

天體就是夢見天象或者升高登天，這類夢多占為吉夢。漢光武帝劉秀未登基前曾夢見自己乘龍上天，晉人陶侃曾夢見自己「生八翼」而飛上八重天門，北宋韓琦曾夢見自己一再地以手捧天。劉秀後來登基為帝，陶侃官運亨通，韓琦做了宋英宗在藩邸時的老師。不過，如果夢見天壓在自己身上或者背著天子登天就是凶兆了。

在古人眼中，日月分別代表了至陽和至陰，凡是夢見日月的一般也都是吉兆。漢武帝的母親王夫人、孫權的母親吳國太、遼太祖母親蕭氏等都曾夢見太陽入懷，她們的兒子後來都做了皇帝；闞澤十三歲時夢見自己的名字映在月亮上，范純仁出生那天他的母親夢見兒子從月亮上掉落下來，這兩個人後來都成了名醫。

自然界的氣候同樣會入夢，陳士元認為「風雷為號令，雨為恩澤，瑞星、彩雲、電火為文明，冰泮為婚媾之期」。宋代名臣宗澤的母親生他前一晚，曾夢見天上雷電大作，閃光照了她一

身；南北朝才子徐陵的母親臨產時夢見五色彩雲化為鳳凰，飛到她的左肩上。夢中氣象也多有凶兆，比如夏代暴君夏桀就曾夢見黑風吹破了自己所居住的宮室，他後來有亡國之禍。

地理方面比較複雜，山陵樓臺都是自然之象，但因夢境而預兆各異。傳說堯曾經夢見自己乘青龍上泰山，自然大吉大利；而漢武帝夜夢與李少君一起登嵩山，半途遇一使者乘龍而下，言「太乙君召李少君」，夢醒後武帝就認為此乃凶兆，果然不久後李少君去世；隋文帝曾夢見洪水沒城，心裡很不舒服，甚至因此遷都，占夢者認為洪水契合了李淵的「淵」字，隋終將被李淵所滅，不久便應驗。

很多動物都是人的夢中常客，天上的飛禽、地上的走獸，甚至是想像中的龍鳳、麒麟都是古人津津樂道的夢象。龍作為中華民族的古老圖騰，在夢中有極高的出鏡率，漢文帝母親薄姬曾夢見蒼龍據腹，晉孝武帝司馬曜母親曾數次夢見兩龍枕膝、日月入懷，後來生下兩位皇子、一位公主。夢龍不僅與帝王有關，還與文人有關，西漢董仲舒也曾夢見蛟龍入懷，後得成《春秋繁露》。

當然，夢見動物並不都是吉夢。《史記》中記載，秦始皇曾夢見自己與海神搏鬥，海神如人狀，這就是一個凶夢，不久始皇便一命嗚呼；前秦世祖苻堅的太廟丞高虜曾夢見神龜對他說：「我出將歸江南，遭時不遇，殞命秦庭。」這時夢中又有人對他

說：「龜三千六百歲而終，終必妖興，亡國之征也。」果然不久後苻堅兵敗身死。

　　除了動物以外，植物也是人夢境中的常客。前面提到過的「太姒夢梓」是典型的吉夢。不過，「竹林七賢」之一的王戎就沒有這麼幸運了，他曾經夢見有人送他七枚桑葚，放在衣兜裡面。桑、喪同音，這個夢被看作大凶之夢。果然，自此王家喪事不斷，前前後後總共有七位親人離世。

　　有關人身的夢都很有意思。據說夢見引劍斷頭就將有禪位之事，五代時南唐烈祖就因此禪位給了自己的兒子李璟；漢代鄭玄學於馬融三年無成，離開馬家的路上他經過一樹，靠在樹上假寐時，他夢到一個老者用刀剖開他的心臟，說：「子可以學矣。」於是他又回到馬融處繼續學習，終成一代大儒；唐高祖李淵曾經夢見自己全身被蟲蛆所食，古人認為這也是吉夢，是「眾生共仰一人活」的象徵。

　　衣食之夢也是精彩紛呈。據說，夢見穿白色衣服大吉大利，穿青色衣服會得官，穿綠色衣服妻子會懷孕；夢見吃龍肉會生貴子，吃牛肉有大憂，吃豬肉有口舌之禍，吃野獸之肉則家破，吃狗肉就會滅亡。宋代有個婦人李氏因不堪婆婆虐待意圖自殺，昏沉之際夢見有一神人讓她用玉箸吃了一碗美羹，並對她說不要死、你會生下佳兒，果然李氏的兒子邵雍後來成了大哲學家。

　　器物之夢囊括的物品種類很多，包括梳鏡、刀劍、弓弩、家具、錢帛、舟車、塚墓、棺材等。南北朝時期醫藥家陶弘景的母親懷他時，夢見兩個天人手執香爐降落室中，後來陶弘景成了道教中的著名人物。古人認為「棺」「官」同音，凡夢見棺材都是官運亨通的吉兆。《定命論》記唐代的高適，曾經夢見大廳上堆了很多棺木，其中有一個極為寬大，他就爬了進去，後來高適歷任官職都很寬漫閒散，正應了夢中寬棺之兆。

　　中國古人認為占卜術中龜卜、蓍筮都屬身外之占，只可據以預測榮枯得失；而夢發乎精神、是睡眠中人們一種特殊的心理體驗，是人神或人鬼的一種交流方式，所以歷來都非常重視夢的占斷。《漢書・藝文志》曾概括說：「眾占非一，而夢為大。」

　　《周禮・春官・占夢》中記載上古占夢官的職責時說：「季冬聘王夢，獻吉夢於王，王拜而受之。乃舍萌於四方，以贈噩夢，遂令始難驅疫。」這說明占夢官的主要任務是宣揚那些吉祥如意的夢，攘除人們對噩夢的恐懼。那麼，中國古代有哪些著名的占夢家，他們都使用過怎樣的占夢術，又都有著怎樣的驕人成績呢？

第三章　審測而說，實無書也
　　　　　── 占夢實踐談

第一節　「道貌岸然」── 占夢家與占夢書

先秦兩漢的占夢家與占夢書

在中國古代，巫咸是最早的占夢者。《山海經》中將巫咸稱作史前時代的巫神，《尚書‧君奭》中的巫咸是殷王的神職人員。不過除這些外，歷史文獻中就再難找到關於巫咸的記載了。雖然《周禮》中明確規定了占夢官的職責，但西周一代並沒有豐富的文獻材料作支撐，很難找出一兩個真正出色的占夢官。占夢家大顯身手的日子要推遲到春秋時期了。

春秋是一個變革的時代，西周初年建立起的禮樂制度在這時已經山窮水盡，但是占夢文化並沒有隨之停下腳步。相反，隨著占夢人群的不斷下移和社會動盪的加劇，占夢在這時期的文獻裡顯得異常活躍，不僅天子諸侯沉迷於占夢，連小老百姓適逢奇怪的夢也會占一占。

春秋時代延續上古巫史不分的傳統，很多史官兼具巫卜之職，其中在占夢領域表現最突出的當數晉國大夫史墨。史墨姓蔡，名墨，官至太史，是春秋末期的思想家，長於天文星象、五行術數，以及占筮問卜。

《左傳》記載，西元前五一一年十二月初一辛亥日，這天正逢日食，天亮之前，趙簡子夢見一個童子光著上身邊打轉邊唱

歌。他醒來後覺得奇怪，便請史墨來占斷吉凶。史墨說：「六年後的這個月，吳國會進犯楚國的郢都，侵犯郢都的日子必會是庚辰日，因為在那一天，日月正運行到東方蒼龍宿的尾宿位置；雖然日食是在十二月初一發生的，但太陽從十月十九庚午起就開始發生變化，由於五行中午火能剋庚金，故而斷定吳國拿不下郢都。」

不同於眾多含糊其詞的占釋，史墨的這一段真可謂極盡詳實之能，時間、地點、事件、結果均一一闡釋清楚，一段話就展現出卓越占夢家的強大自信。當然，六年後一切都如史墨所言，他所預測的事一一應驗。

史墨占夢的玄妙之處在於「以星占夢」，這種方式相當複雜，需要強大的天文五行知識底蘊。史墨占「裸童唱歌」之夢是目前可以看到的最詳盡的一次「以星占夢」。可能因為此法要求過高、難度太大，後世占夢家都很少使用。

除了史官有占夢之能外，很多近臣、名臣都有過出色的占夢表現。由於常年跟隨君王左右，為主子解答做夢時遇到的疑惑是他們的職責。這方面表現得最搶眼的是齊國名臣晏嬰，在《晏子春秋》中有不少關於他的占夢故事。

有一次，齊景公執意攻打宋國。軍隊經過泰山時景公做了一個夢，夢見兩個男子對著發火，而且怒氣很盛。景公醒來後感到十分驚恐，連忙召來占夢官，占夢官說：「這是因為大軍經過泰

山沒有祭祀，泰山之神發怒了，您召集祝史祭祀泰山就行了。」

　　第二天，晏嬰來見景公，景公告訴他這件事。晏嬰對景公說：「占夢官把您的夢占錯了，您的夢裡可不是泰山之神，而是宋國的祖先湯和伊尹啊！」景公不相信晏嬰，晏嬰進一步解釋說：「您懷疑我說的，不妨聽我說說湯和伊尹的長相：湯身材高大，皮膚白皙，儀表堂堂；而伊尹身材矮小，皮膚黝黑，身胖腿短。他們是不是和您夢中的兩人一模一樣呢？」

　　景公一聽果然分毫不差，趕忙問此夢緣由。晏嬰說：「湯和武丁都是聖德之君，不應當無後，現在殷人後代只剩下宋國，您還要去征伐它，湯和伊尹怎能不發怒？這是神明下旨讓您撤軍呢，您若是執意不撤，恐怕會遭天譴呀！」景公經不住晏嬰這種連敲帶打地嚇唬，終於撤軍回國，一場生死存亡的惡戰就這樣被晏嬰的占夢巧妙化解了。

　　晏嬰不僅用占夢影響軍國大事，還幫景公解疑心病。有一次景公連著生了十幾天病，他夢見自己和兩個太陽搏鬥，力戰而不能取勝，醒來後就覺得自己此命休矣。結果請來的占夢官也膽怯，不敢輕易占斷，要求查看占夢書。

　　這時，晏嬰站了出來，他對占夢官說：「你不用查書了，景公本來就不是大病，你對他說，疾病屬陰、太陽為陽，兩陽一陰相搏，陰敗而陽勝，陽勝而病癒。」果然，占夢官照此占斷後三天，齊景公就痊癒了。

　　這個占例中，晏嬰的勝算在於他熟知君王的身體狀況，精妙之處在他說出了令人信服的釋夢之詞。

　　春秋末期，民間占夢家出現了，這些「獨立占夢師」的問世，說明占夢文化已經呈現出明顯的下移趨勢。公孫聖是這批先行者中的佼佼者，但他的故事卻是一個占夢家的悲劇。

　　據《越絕書》記載，吳王夫差在滅掉越國後一直過著驕奢淫逸的生活，一天晚上他夢見三隻黑狗南北嚎叫，炊甑中沒有煙氣冒出。醒後就召集群臣解夢，群臣都不知其意。夫差聽說民間有個叫公孫聖的，很會占夢，就派人去請公孫聖來解這個怪夢。

　　公孫聖聞召就與妻子訣別，他說：「吳王因噩夢召我，我不能昧心，直言必被誅。」進宮後，公孫聖聽完夫差的夢，沉思片刻說：「狗嚎叫是因為宗廟無主，炊甑無氣說明宮中主人已經不在，這都是亡國之兆。」夫差聽後大怒，立斬公孫聖。不久後，越軍壓境，夫差這才悟到公孫聖冒死釋夢的真正意圖，可惜為時已晚，最後只落得拔劍自刎的下場。

　　經歷了春秋這個占夢家的輝煌時代後，在百家爭鳴的戰國時期，占夢沒能延續強勁的戰鬥力，相對其他顯學而言，占夢逐漸邊緣化。不過這個時代裡《黃帝內經》的出現，還是為解答夢的生理原理、占斷病夢做出了卓越的貢獻。

　　終兩漢四百年霸業，竟沒有一個值得入史的占夢家，最出

名的占夢者要算是篤信神仙方術的漢武帝，武帝自占之能後世帝王無一能及。不過，兩漢占夢史的星光並沒有因為占夢家的無能而黯淡，因為占夢專著在這個時代裡問世了。

　　西漢以前，古人對於夢象和占夢的記載多見於史書中，都是零篇斷簡、體系鬆散，無法構成一個系統。西漢開始占夢專著出現，據《漢書‧藝文志》記載，西漢留下的占夢書有《黃帝長柳占夢》、《甘德長柳占夢》等。

　　《黃帝長柳占夢》在隋朝時就已經亡佚，現在只能從其他文獻的載述中尋覓它的痕跡。可以肯定的是，此書託名「黃帝」，成書在西漢，「長柳」是古代一種占夢推演的方法，明代以前業已失傳，原書中的占夢故事包括了黃帝夢得風后、力牧等。

　　現在可以找到的《黃帝占夢》中的另外一個故事，記載在唐代的《法苑珠林》中。夢的內容是舜的父親夢見一隻鳳凰，牠自稱為雞，口中銜著米哺育自己，並且說雞是牠的子孫。《黃帝夢書》占此為「子孫當有貴者」之兆。

　　甘德是戰國中期的占星家和天文學家，《史記‧天官書》中提到過他，並說他是齊國數一數二的天文學家。《周禮》在對占夢下定義時認為其主要方法是占星，甘德可能兼長於占星和占夢。

　　《甘德長柳占夢》應是漢人假託甘德之名而作，主要內容可能是以占星法占夢以斷吉凶。這部書經歷漢末戰火後就已亡

佚，現在連一條佚文都無法找到。明代的《夢林玄解》中雖然留存了所謂的《甘德時令干支休咎圖》，但其中佛教思想鮮明，應為後期文獻，不大可能出自《甘德長柳占夢》一書。

另外，據《隋書‧經籍志》記載，西漢易學大師京房著有《占夢書》三卷，這部書直到明代仍有輯錄，可惜明代以後亡佚。京房極擅《易經》預測之學，同時擅長占夢之術並著有相關文章當在情理之中。

三國兩晉南北朝的占夢家與占夢書

在經歷了漢代的低潮期後，占夢家在三國兩晉南北朝這段亂世裡再一次煥發了青春，這個時代占夢家們的經歷比之以往任何時候都更加具有傳奇色彩。

周宣是三國時期魏國最著名的占夢家，他字孔和，是山東樂安人。據《三國志‧魏志》記載，周宣出自民間，終生以占夢為職業，他靈活善辯，占夢的成功率能達到「十中八九」。

周宣成名很早，東漢末年太守楊沛曾經夢見別人對他說：「八月一日曹公當至，必與君杖，飲以藥酒。」楊沛不解此夢之意，請周宣為他占夢，周宣根據當時黃巾軍起義的時局占斷說：「夫杖起弱者，藥治人病，八月一日，賊必除滅。」果然，不久後黃巾軍被滅。

慢慢地，周宣占夢的名聲傳到了魏文帝曹丕耳中，曹丕並

不相信，他將周宣召進宮中想試一試他的功夫。他對周宣說：「我夢見殿屋上雙瓦墜地，化為兩隻鴛鴦，不知是什麼兆頭？」周宣回答說：「鴛鴦象徵青年男女，殿屋象徵皇家後宮，兩瓦墜地必碎象徵死亡，我斷定後宮會有人暴死。」

曹丕聽完後得意地說：「剛才是我編的一個假夢。」周宣不慌不忙地說：「夫夢者意耳，苟以形言，便占吉凶。」話未說完，黃門令便奏告曹丕宮人相殺，曹丕只好服氣。

他接下來問周宣：「我昨夜夢見青氣從地下直衝天上，不知何意？」周宣回答：「青氣為貴女子的象徵，青氣升天是死亡之兆，此夢預示天下當有貴女子冤死。」當時，曹丕剛剛下旨要賜死皇后甄氏，還未行刑。

周宣所占最令曹丕服膺的是「磨錢之夢」，曹丕有次問周宣：「我夢見自己在磨錢幣，想把錢上的文字磨掉，可錢紋反而更明顯了，這是何意呢？」周宣聞言不語，曹丕見此情景不斷追問，周宣才說：「這是陛下您的家事，您想做的事情太后不同意，所以才會有錢紋越磨越亮的夢象！」

當時曹丕正想著給弟弟曹植找個罪名，可是由於太后堅決反對而難以如願。周宣抓住他這番心理，把占斷講到了他的心坎兒裡，不僅說得曹丕心服口服，還給自己賺來了中郎之職。

除了為曹丕占夢外，周宣「三占太史芻狗」的故事也很有名。有一次太史騙他說：「我昨夜夢到芻狗。」周宣明知太史騙

他，還鎮定自若地說：「您將有一頓美餐。」結果應驗。過了幾天，太史又騙他：「我昨夜又夢到芻狗了。」周宣再占：「您要小心從車上摔下來跌斷腿骨。」結果又應驗了。太史還是不甘心，他第三次對周宣說：「我昨夜再一次夢見芻狗了！」周宣照占不誤，他說：「這次可是大事不好了，您家裡要失火啦！」果然周宣這次又料中了。

三次之後，太史扛不住了，他對周宣說：「我這三次夢都是編的，而且夢象全一樣！你怎麼能占出三個結果，還都能應驗呢？」周宣笑著解釋說：「這是神靈驅動您說出的話，夢到與否又有什麼關係？芻狗是祭祀之物，初次夢到應得美食；祭祀後芻狗將被車輪所碾，二次夢到為斷腳之兆；芻狗被碾過後必將被柴火燒掉，三夢必有家中失火之憂啊！」

周宣善於將象徵與推測運用到占夢中，靈活的占夢術讓他在魏國宮廷遊刃有餘。《隋書・經籍志》記載周宣也曾著有《占夢書》一卷，唐以後將其稱為《周宣夢書》。這部書現在雖已逸失不全，但由於唐宋類書和明人著作中的經常輯錄，還是可以找到其中一些占辭。

《太平御覽》引《周宣夢書》曰：「鸚鵡為亡人居宅。」即鸚鵡是凶兆，如果夢見鸚鵡就會有人去世；如果夢見鸚鵡棲在堂上，那去世的人就可能是豪賢。《夢占逸旨》引《周宣夢書》曰：「榆為人君之德，至仁也。」這裡榆樹是吉兆，夢見採榆樹葉是受恩

賜之兆，夢見居住在榆樹旁就會得到顯達的官職。

　　三國時期的趙直是豫章人，不同於周宣民間占夢家的身分，他是蜀漢的官方占夢官。據《三國志・蜀書》記載，趙直主要活躍於後主劉禪時期。

　　諸葛亮最後一次出祁山時，前鋒魏延夢見自己頭上長角，找趙直來占斷。趙直以類比法占曰：「麒麟有角而不用，此不戰而賊欲自破之象也。」不過，背地裡他卻用拆字法重新解釋說：「角字刀上用下，是在頭上用刀，其凶甚矣。」不久，魏延便在與楊儀爭權時被馬岱所殺。

　　當年，尚書蔣琬曾夢見門外有隻鮮血淋漓的牛頭，醒來後覺得很鬱悶，就找趙直來占斷。趙直占曰：「見血表示事情分明，牛角及鼻組成一個公字，上面八字像牛頭兩角，下面厶字像牛鼻之形。您將來必會位列三公，這是大吉之兆！」不久，蔣琬就被任命為什邡令，諸葛亮死後他接任尚書令加大司馬，高居三公之位。

　　成都令何祗曾夢見水井中生出桑樹，他醒來後求教於趙直，趙直占斷說：「桑樹不是井中之物，桑與喪同音，井由四個十字組成，每個十字兩筆，合為八筆，看來您壽終於四十八歲呀！」何祗果然死在四十八歲那一年。

　　三國時期，除了魏國的周宣和蜀國的趙直外，吳國也有一位著名的占夢家叫宋壽。《三國志・吳志》記載「宋壽占夢，十

不失一」，超高的成功率說明其技藝之精湛。相傳，頗具盛名的《周公解夢書》三卷就可能出自宋壽手筆，可惜並沒有切實的證據，而宋壽占夢的故事也沒能流傳下來。

兩晉南北朝時期，動盪的社會現實和複雜的政治鬥爭為占夢文化的發展提供了肥沃的土壤。巧合的是，這時期最出名的三位占夢家剛好分屬儒、釋、道三派。

西晉敦煌人索紞是博綜經籍、知曉天文、精擅術數的通儒。他有個特點，凡是別人來算命他都搪塞妄言、虛與委蛇，但只要是找他占夢的，他必認真對待、來者不拒。《十六國春秋‧前涼錄》曾說他「凡所占夢，莫不中驗」，這個評價是前無古人、後無來者的，足見索紞之高明。

有一次，孝廉令狐策夢見自己立在冰上和冰下人講話，醒來後找索紞占夢。索紞占曰：「冰上為陽，冰下為陰，這事有關陰陽。『士如歸妻，迨冰未泮』，這陰陽之事就是婚姻之事。您在冰上與冰下人說話，是男方對女方說，這是媒人的事。您必將為人做媒，等到冰雪消融時婚事就成了。」

令狐策聽完後滿腹疑問，想著自己這把老骨頭還能給誰做媒？豈料就在這時敦煌太守田豹來請令狐策為自己的兒子做媒，向鄉人張公之女提親，不出索紞所料，這小倆口正好是在來年仲春時節完婚的。

主簿張宅曾夢見自己走馬上山，繞著屋舍轉了三圈，只看

到一片松柏，卻找不到屋舍的門。索紞占曰：「馬屬離，離為火，火與禍諧音。人上山為凶兆，松柏是墓門的象徵物，不知門處表示無生門可走，三週就是三個週期。您三年之後必有大禍呀！」果然，三年後張宅因謀反罪被殺。

　　族人索充有次夢到天上有兩個棺材落在自己面前，索紞占曰：「棺與官同音，當有京師貴人舉薦你，見兩棺意味著你會被舉薦兩次。」不久應驗。後來索充又做了個夢，夢見一個俘虜脫了上衣來找自己，索紞曰：「虜字去掉上邊只剩下面一個男字，這是妻子生男之兆。」果然，索充之妻受孕而誕子。

　　索紞占夢時所用方法多樣，既善於諧音、拆字，又精通象徵、類比，可謂是占夢界的全才，他能做到「無占不驗」正是拜自己這種博學所賜。索紞還有不少占夢掌故，《晉書》中專門為索紞作傳記載了這些神奇的占夢故事。

　　佛圖澄本是西域高僧，西晉懷帝時來到洛陽，廣收門徒傳授佛法，《晉書》中有他的傳記。相傳佛圖澄「妙通玄術，善解夢」，後趙皇帝石虎曾夢見「龍飛西南，自天而落」，醒來後求教於他，佛圖澄占曰：「此夢是大禍將至之兆，您的兒子石宣表面孝敬您，但不得不防之。」

　　石虎不解其意，佛圖澄解釋說：「您脅下有賊，不出十日，自浮圖以西、此殿之東，當有血光之災，您千萬不要到東邊去。」果然不出兩日，石宣派人到佛寺裡暗殺自己的父親。石虎

因為佛圖澄的占夢而逃過一劫。

南北朝最出色的占夢家是北魏的楊元慎，他曾居住在洛陽，後為北魏大夫。據《洛陽伽藍記》記載，楊元慎深諳道家哲學，同時通曉占夢之術，當時人們都把他比作三國時的周宣。

孝明帝時，廣陽王元淵夢見自己穿著袞衣倚立在一棵槐樹旁，醒來後他覺得此夢大吉，就請楊元慎為自己占夢。楊元慎沉吟良久才說：「您將得三公之位。」可元淵剛走，他就對身邊人講：「袞衣為三公所穿，元淵確能位列三公。可他倚在槐樹旁，槐字左木後鬼，元淵恐怕要死後才做得三公了！」果然，元淵生前未能染指三公，直到被朱榮所殺後才追封為司徒。

京兆許超夜裡夢見自己因為偷羊而入獄，醒來後覺得很晦氣，請楊元慎來占夢。結果楊元慎說：「此夢大吉，盜與到同音，羊與陽同音，獄者圍土，為城郭的象徵，您將要去陽城做主事啦！」果然，不久後許超被封陽城令。

隋唐以來的占夢家與占夢書

在經歷了三國兩晉南北朝這個占夢家的黃金時代後，隋唐時期占夢又開始走下坡路，占夢家的身影完全湮滅在正史之中。不過承前代之餘緒，隋唐各種野史、雜說中還是能找出一些占夢家的故事。

隋代最出色的占夢家是蕭吉，此人為齊梁宗室子弟，中年

時入仕北朝而鋒芒不減，老年未能守住名節，偃首低眉做了隋帝的弄臣。他聰明博學，尤其擅長於陰陽算術，所著《五行大義》文獻價值很高。

《太平廣記》記載，有人曾夢見鳳鳥停在自己手上，醒來後覺得很高興，只有蕭吉認為這是極不祥的夢。結果不出十日，做夢者的母親就去世了，他傷心之餘派人請教蕭吉。蕭吉說：「鳳鳥入夢一般都是吉夢，但梧桐是製作喪杖的材料。鳳鳥棲在人手說明此人手中必握有守喪之物，由此可知您必有喪事之憂啊！」

張猶是唐代武周時期著名的占夢家。

當年，右丞相盧藏用和中書令崔湜同時流放嶺南，行至荊州時崔湜夢見自己在座下邊聽人講法邊照鏡子，夢境甚怪。張猶聽說後，私下對盧藏用說：「在座下聽法，聲音從上邊傳來，恐怕朝廷將有法令下達；鏡字左金後竟，金與今同音，今竟就是今天結束性命呀！崔公大難臨頭了。」很快，御史帶著朝令而來，崔湜聞訊自盡。

黃幡綽是唐玄宗時著名的宮廷藝人，很受玄宗寵愛，相傳玄宗「一日不見黃幡綽，龍顏為之不悅」。令人意外的是，這樣一位藝術大師同時還精通占夢。

安史之亂時，黃幡綽陷落於安祿山叛軍之中。一天，安祿山夢見自己的衣袖長得一直拖到階下，他覺得奇怪，就找黃幡

綽來占斷，黃曰：「此乃垂衣而治之意，恭喜您要當皇帝啦！」不久，安祿山又夢見大殿窗檑倒立，黃幡綽再占曰：「這是革故從新之意，想必是要改朝換代了！」安祿山聽後大悅，還利用這兩個夢大造輿論聲勢。

後來，安史之亂平定，唐玄宗回京後要問黃幡綽為虎作倀之罪。但見黃幡綽淡定地說：「我當年占夢時就已經知道安祿山沒有好下場了！」玄宗覺得奇怪，黃幡綽接著說：「衣袖至階者，出手不得也；窗檑倒立者，糊不得也。」原來，糊與胡同音，安祿山原為胡人，糊不得就說明他不可能得到天下。玄宗欣賞黃幡綽這番乖巧機智，就赦免了他。

中唐以後，職業占夢家蹤跡難尋，只有一些業餘占夢師散見於《酉陽雜俎》、《太平廣記》等書中。韓泉、梅伯成、楊子董、王生等人都小有名氣，均有一兩個占夢故事傳世。

隋唐兩代，占夢書的編寫漸成汪洋之勢，《竭伽仙人占夢書》、《解夢書》、《新撰占夢書》、《雜占夢書》、《夢雋》等書一下子湧現出來，洋洋灑灑、蔚為大觀。不過，從內容上看，這些占夢書大多拾人牙慧，用意多在宣揚鬼神迷信，整體品質和價值不高。

五代以後占夢式微，以占夢飲譽者也越來越少。楊廷式和李慎儀二人算得上是五代占夢家中的佼佼者。

楊廷式是福建泉州人，官至吳國侍御史，他「雅善占夢」，

是一位小有名氣的業餘占夢家。

　　當時有個叫毛貞輔的縣令夢見自己將太陽吞進腹中，醒來後腹中還隱隱有餘熱。楊廷式對他說：「你這個夢做得很大，吞日是帝王之象，怕不是你可以承受的。從實際出發，這夢大概是你將為赤烏場官之兆吧！」赤烏場是用來檢閱部隊的廣場，這同毛貞輔後來的經歷相吻合，楊廷式因人而異的占夢之道也受到人們的稱讚。

　　李慎儀是後晉出帝時的大學士。有次出帝夢見一個玉盤裡盛著一隻玉碗及一條玉帶，上面都有碾文，看上去光瑩可愛。李慎儀和同僚們占曰：「玉是帝王之寶器，玉帶則有誓功之兆，碗和盤都是守器的象徵，此乃吉夢。」可其實李慎儀心中並不是這麼想的，只是礙於君主顏面，「不敢有他占」而已。

　　南北宋之際，何遽著有《春渚紀聞》，這部書中記有不少占夢故事。

　　其中「金甲撞鐘夢」講的是建安人徐國華將入太學前，曾夢見高樓上掛著一口大金鐘，鐘旁有金甲敲鐘人邊看自己邊說：「二十七甲復一擊，雲系第七科。」徐國華醒來後認定自己必將高中，只是不解二十七甲、第七科為何意。

　　豈料過了不久，太學生中有傳染病出現，徐國華因病而亡。他死後好友董縱舉為他收殮安葬，可當時墓園中已是無穴可葬，只好將他落葬在垣外第二十七行第七穴。詭異的是，這

竟剛好與徐國華當年所做之夢契合。

南宋之後，占夢術就已經是日薄西山、氣息奄奄了。不過，此後祈夢、禳夢倒是蔚然成風，也可算是占夢文化的一大旁支余緒了。

明代占夢理論家陳士元所編纂的《夢林玄解》，無論從篇幅和內容上都遠遠超過以往夢書。這部書由何棟如家藏並補輯，全書分夢占、夢禳、夢原、夢論四大部分，其中夢占有二十六卷之多，是古代占夢書中的集大成者。

《敦煌遺書》中的占夢書

清光緒二十六年五月二十六，道士王圓籙在清理敦煌莫高窟第十六窟時，發現牆壁後面有一個密室，洞內滿是各種佛教經卷文物，總量達五萬餘件，其中就包括不少占夢書的抄本。這批夢書真實保留了唐代文獻的原貌，對傳世文獻有很好的補充校對作用。

《敦煌遺書》中的《周公解夢書》是現存最早的版本，這部書相傳為三國時宋壽所作。序言首句說「堯夢見身上生毛，六十日得天子」，接著歷述舜、湯、周文王、周武王、漢高祖、漢武帝、漢光武帝夢日而得天子之位，最後至三國孫堅。書中對曹魏、劉蜀和隋唐帝王都沒有涉及。現在流行的《周公解夢》中的占辭多用韻語，其版本源流與《敦煌遺書》不同。

　　《新集周公解夢書》是《敦煌遺書》中一個難得的完本，成書時間肯定在《周公解夢書》之後。在敦煌出土前，此書從未在傳世文獻中被著錄。它的序言中提到了「四大立形」、「五常養性」和三魂六魄等概念，有很強的三教融合的思想傾向。若據此推測，其成書當在唐代武周統治之後，具體撰者無考。

　　《新集周公解夢書》的章次文字相當整齊，雖然參錄於《周公解夢書》，但絕不是簡單的擴充，而是博採眾家之長，對占辭嚴加審核、優勝劣汰後的成果。這部書前十八章與其他夢書的編排相仿。但第十九章《十二支得夢章》、二十章《十二時得夢章》和二十一章《建除滿日得夢章》均以時日占夢，這在其他夢書中很少出現，是其一大特色。

　　從歷代占夢家的故事中不難看出，對於相似內容甚至完全一致的夢，根據不同的時間、地點、人物情況，占夢家往往會得出不同的結論，這種現象源於他們使用的是不同的占夢技法。占夢不是一成不變的科學實驗，它的方法極多、途徑各異，要想把握占夢的精髓，就要了解古代占夢家們所選用的占夢術。

第二節　從夢象到夢兆
── 靈活多變的占夢之術

　　從科學角度看，夢是人們睡眠過程中的一種心理體驗，然而中國古代的占夢家卻要將這種心理體驗對應到客觀現實的層面上去。在這一過程中，他們必然要遵循一定的方法，這就是所謂的占夢之術。如果把占夢比作解數學題，夢象就是初始數據，占夢之術就是解題過程中所選用的函數，夢兆就是運算結果。在初始數據相同的情況下，不同的函數對應不同的結果。

　　古代占夢術可分為兩大類 ──

　　一是借助其他占卜方式占夢，包括龜卜法、占易法、占星法、時日法等，它通常只關注夢象中的相關要素，透過要素實現占夢與其他占卜方式之間的轉換。

　　二是透過分析和解釋夢象的意義來獲得夢兆。按夢象與夢兆的關係，此類占夢術可分為直解、轉釋和反說三種，其中轉釋占夢最常見，轉釋的方法又包括解字、諧音、象徵、連類、類比、符號轉換等。

觸類旁通 ── 借他法以占夢

　　也許有人要問，占夢本來就是一種占卜方式，為什麼還要借助其他方法呢？這涉及夢的神祕性問題。在人類文明的早

期，夢的原理成謎，很多夢本身很難被解讀。這時候，借助其他較成熟的占卜法，有助於解決占夢時遇到的難題。

事實上，各種占卜方法本來就是可以相互轉換的，有時候甚至還必須要互參互用。具體說來，中國古代「借龜卜以占夢」、「借占易以占夢」、「借占星以占夢」、「借時日以占夢」的情況都有出現。

「龜卜法」在殷商時代大行其道，其思想基礎是一種靈龜崇拜，古人試圖透過龜的靈魂來溝通人神，希望神可以借由龜來預兆吉凶。當殷商人將占夢融入龜卜之中時，占卜變得更加鄭重嚴肅，占卜的結果就擁有了更強的權威性。

殷商人的眼中，夢象根本無關緊要，他們關注的始終是夢發生的原因 —— 究竟是什麼鬼魂作祟導致他們發夢。直接由夢對應到具體某一位鬼魂身上，當然困難重重，龜卜能夠很輕鬆地解決這個問題，這大概也是殷商人喜好借占龜以占夢的深層原因。

據占夢甲骨摹片記載，殷代某一年一月的壬子日，貞人賓在問貞：「昨天殷王從外地回來身體不舒服，夜裡做了夢，這是不是哪個鬼魂作祟降災呀？」第一次問貞後，殷王的病並沒有好轉，於是二十一天以後在甲戌日這一天賓再次問貞：「是不是早先夭折的那個王子的鬼魂在作祟？為那位王子進行一般的祭祀能不能攘除殷王的疾病？還需要進行福祭和冊祭嗎？」

　　如果說殷人崇尚龜卜，那周人無疑特別重視「占易法」，占易的基礎是神著崇拜。同「龜卜法」一樣，借占易以占夢並不關心夢象本身，有夢則起卦，既而按卦爻辭來占斷夢的吉凶。這種方法名為占夢，實為占易，《夢林玄解》談到「以易占夢」時說，「以夢之兆，準易之象；取易之占，察夢之機」。

　　借占易以占夢的夢例不多，首見於《周易‧剝卦》：

初二：剝床以足，蔑（夢）貞凶。
初六：剝床以辨，蔑（夢）貞凶。

　　「夢貞凶」是占斷此夢為凶的意思，如果應用「占易法」時遇到剝卦這二爻，則必占其夢為凶。可見，在這個占斷過程中根本不需要講出夢見什麼。即使剝床以足、剝床以辨原先可能來自夢象，但在此處也只作為爻辭存在而已了。

　　《左傳》記載昭公七年孔成子、史朝夢立衛靈公的故事是占夢與占易相參照的經典占例。

　　衛國大夫孔成子和史朝曾同時夢見衛國始祖康叔對他們說：「要立衛襄公的寵姬婤姶尚未生下的孩子為君王。」在此之前，婤姶已生下了大兒子孟縶，只是腿有點毛病。兩人同做此夢後，婤姶便生下了次子元。

　　衛襄公死後，衛國面臨立儲的問題，孔成子兩次試圖用占易來輔助占斷夢象：第一次他得到屯卦，第二次得到屯卦變成比卦。根據卦象，史朝分析說：「屯卦的卦辭是元亨利貞，就是

說元將會亨通。而且，占筮和夢境相契合的情況周武王也曾經歷過呀，所以咱們還是立元好了。」於是，孔成子擁立公子元登基，他便是後來的衛靈公。

兩周時期，尤其是東周以後，「占星術」蓬勃發展。《周禮・春官》中說：「占夢掌其歲時，觀天地之會，辨陰陽之氣，以日月星辰占六夢之吉凶。」這說明，發展到鼎盛時，占星之術一度成為官方的占夢方法，而這一時期恰好與《周禮》的編撰時間相接近。

從《周禮》的記載中可以看出，借占星以占夢大概可以分四個步驟——

第一步「掌其歲時」，占夢官要準確把握君王做夢的時間參數，包括年歲、季節、月份、日期和時辰等，這一步非常關鍵，是整個占夢過程的基礎。

第二步「觀天地之會」，天上的「十二星次」分別對應著地上的周王和各個諸侯國，占夢官要根據君王做夢的時間考察天上星象的流變情況，進而占卜地上某一邦國人事的變化。

第三步「辨陰陽之氣」，一年四季十二個月、一天晝夜十二個時辰，陰陽二氣的上升下降在占卜者的眼中都是吉凶災祥的徵兆。占夢官由此出發，可以借助陰陽五行的理論，占卜君王之夢所關聯的邦國及其吉凶禍福。

第四步「以日月星辰占六夢」，「天地之會」與「陰陽之氣」

都是玄而又玄的東西，只有天上日月星辰的運行變化是顯而易見的。借占星來占夢的關鍵點，就是觀察君王做夢時日月星辰的位置和異變，由此預卜未來的人事吉凶，最後根據預卜的結果來占斷夢兆的內容和吉凶。

「占星法」需要厚重的天文知識和預測能力，故而雖然一時風光，但相關占例得以流傳的很少，前面已經提到的史墨占「趙簡子夢裸童」是其中經典。另外一個借占星以占夢的例子有較強的虛構色彩，它記載在《史記‧龜策列傳》中。

戰國時期，宋元王曾夢見一個男子長著長長的脖子和頭、穿著玄鏽的衣服、乘著輜車，夢中他對元王說：「我是江河使，要到泉陽豫去，可幕網阻礙了我的去路。我在憂患之中不知向誰申訴，聽說您有德義，故而特來告訴您。」宋元王醒後不解，就召博士衛平來占釋。

衛平聽完後起身仰觀天象，然後說：「您在壬子日做夢，此時對應宋國的星次在牽牛星的位置上，考慮到天上銀河正南正北、地上江河正在汛期，這正是鬼神集會的徵兆。南風吹來說明大江的使者到了宋國，天上的白雲湧向銀河表明使者的去路被擋住，他一定遇到了災難。穿著玄鏽的衣服、乘著輜車正是龜蓋的顏色和形狀，所以給您託夢的是一隻神龜。」

時日本身與占卜無關，但在世俗迷信中日有吉凶、時亦有吉凶。因此凡是祭祀、婚喪、興土、建屋、遠行等都必須選擇

良辰吉日，以求事情順遂。這種觀念也被引入占夢習俗中，「時日法」成為一種常見的占夢之術，其占斷關鍵就在於，不同時日所做的同一種夢意義不同。

在《新集周公解夢書》的《十二支日得夢章》中出現了以時日對應夢兆的占辭：

> 丑日得夢者，主財入宅及喜悅。
> 辰日得夢者，酒肉事，得外財。
> 未日得夢者，主酒食，喜樂，吉。
> 申日得夢者，宮事，口舌起。
> 戌日得夢者，遠客至，得財。

很明顯，純粹的「時日法」與「龜卜法」、「占易法」、「占星法」等一樣，都不關心真正的夢象，他們關注的是夢的時間特性。哪日得夢，人事就會如何，占斷過程中根本不必涉及夢的內容。

真亦假來假亦真 ── 占夢中的直解、轉釋與反說

雖然在歷史演變中，占夢曾經借助過其他占卜方式，但其最具魅力和特色之處還在於分析和解釋夢象，這種方法才真正將夢象與預兆連繫在一起。戰國以後，隨著占夢從官方轉移到民間，占夢家相繼走上歷史舞臺，占夢愈發顯示出其獨立性，分析夢象逐漸成為占夢習俗的典型標誌。

從占驗結果的角度看，夢象與夢兆之間實際上只有三種關係：同一關係、相異關係和相反關係。與此相對應的，對夢象的解釋和夢兆的確定不外乎三種方式：「直解法」、「轉釋法」和「反說法」。鐵一般的邏輯確定後，無論哪個占夢家、哪本占夢書，都跳不出這個大格局。

「直解法」是一種最簡單、最古老的占夢之術，占夢者直接將做夢者的夢體驗解釋為夢兆，夢見什麼就預兆什麼，夢象和夢兆是同一關係。此類占夢難度較低，可以由做夢者自占完成，殷高宗武丁夢中見傅說、武王夢三神等故事都是如此。

陳士元在《夢占逸旨》中稱「直解」為「直葉」，「葉」就是協同、吻合的意思。他舉例解釋說：

何謂直葉？夢君則見君，夢甲則見甲，夢鹿則得鹿，夢粟則得粟，夢刺客則得刺客，夢受秋駕則受秋駕。此直葉之夢，其類可推也。

其中，「夢鹿」的故事出自《列子》。

相傳鄭國有個樵夫在外砍柴，意外獵到一隻鹿，暫時將鹿藏在乾枯的池塘裡。不久，他忘記了當時藏鹿的地方，還以為獵鹿是自己做的一場夢，邊走邊嘮叨此事。他的話剛好被一個路人聽到，路人依言在池塘中找到了死鹿，並將鹿扛回了家。樵夫不甘心就這樣丟了鹿，日有所思夜有所夢，他晚上夢見了藏鹿的地方和偷走鹿的人。第二天一早，樵夫依照夢中情形找

到了那個路人和自己獵到的鹿。

「夢受秋駕」的故事記載在《呂氏春秋》裡，秋駕是一種飛車之術。

相傳，尹儒學習駕車三年而無所得，自己覺得很痛苦，常常睡覺前還想著這事。功夫不負有心人，一天晚上他夢見老師教授他飛車之術。結果第二天，老師真的點名教他。神奇的是，這門技術竟與他在夢中所見的一模一樣。

唐代柳燦的《夢雋》中記載，晉人商仲堪夢中見到有人對他說：「君有濟物之心，其能移我高燥處，則恩極枯骨矣。」結果，第二天他就在河水中發現了一具漂浮的棺材，他將此棺木葬於高岡，這天晚上前夜的夢中人又回到他的夢裡來致謝。

「直解法」的第二種情況是夢象本身解釋了夢兆，其中多存在因果關係。

古人祝染曾在饑荒之年施粥濟眾，後來他的兒子上京赴試，祝染夢見一個人手持狀元榜站在自家門口，榜上寫著「施粥之報」四個字。他醒後就聽到有人來報，自己的兒子已經狀元及第。

「直解法」的最後一種情況是夢象解釋了做夢前發生的事，夢的功能只在解釋、不在預兆，「結草相報」的故事正是如此。

《左傳・宣公十五年》記載，晉國魏武子病重時曾叮囑兒子魏顆在他死後把他的愛妾嫁出去，可臨死時他卻改口要這個愛

妾陪葬。魏顆後來沒有遵從父親的遺願，還是將女孩嫁了出去。

　　秦晉開戰後，魏顆看到陣前有個老人在用草打結，結果秦將杜回因為被草結絆倒而遭魏顆活捉。晚上，魏顆夢中見到了那個結草的老人，老人對他說：「我就是魏武子愛妾的父親，為感謝你對我女兒的恩惠，我特來結草助你，以為回報。」

　　「轉釋法」是古代最常用的一種占夢之術，占夢人先將做夢者的夢象透過一定的方式進行轉換，然後再將已經轉換了的夢象解釋為夢兆。這裡，並非夢見什麼就預兆什麼，夢象不直接和夢兆相對應，兩者之間是一種相異關係。

　　「轉釋法」之所以能成為占夢之術中的主流，正源於這種相異關係。不同於「直解」和「反說」，「轉釋」有更強的可操作性。根據不同夢者的不同夢象，為求得「占而有驗」，占夢者可以使用不同方法進行轉換；在轉換過程中，他們還可以利用各種技巧給自己留下轉圜的餘地。「轉釋法」的具體操作方式有很多，下一部分中將具體介紹。

　　「反說法」是一種很特殊的占夢之術，占夢者要將夢象反過來解釋，然後得出其所預兆的人事。這種方法的出現對應於東漢王符等人提出的「反夢」概念，實際上是在幫助占夢者提高占驗率的一種藉口。當虛幻的夢象與現實的夢意成相反關係時，直解法和轉釋法都不能自圓其說。為了能夠「占而有驗」，占夢者就必須把夢象說成是一種「反兆」。

當然，「反說法」也不是簡單地把夢象反過來就行了，它也是需要遵循一定的占理才能使人接受。

晉文公夢楚子「伏己而鹽其腦」這個經典的夢例中，子犯的占釋就很有邏輯。他說，夢中文公雖被楚王壓在地上，但仰面朝天，是「得天」之兆；楚王雖伏在文公身上，但臉朝地，是「有罪」之兆；楚王雖以牙齒吸飲文公的腦髓，但這表示的是文公以柔克剛。總之，勝利一定屬於咱們晉國。

「反說法」在先秦古籍裡所見甚少，僅晉文公一例和《莊子‧齊物論》中的「夢飲酒者旦而哭泣，夢哭泣者旦而田獵」。漢魏以後，「反說法」甚囂塵上。

《南史‧沈慶之傳》記載，南朝宋的著名將領沈慶之年輕時曾夢見他把皇帝的儀仗領到廁所裡，醒來後心裡感到特別鬱悶。可是當時有個善於占夢的人卻說做這樣的夢必會大富大貴。後來沈慶之累功為建威將軍，封興郡公。

《北齊書‧李元忠傳》記載，北齊李元忠入朝為官前曾做過一個怪夢，他夢見自己舉著火炬進入父親的墓穴中。驚醒後他心中有不祥之感，第二天特意向恩師求教此夢，老師對他說：「此夢大吉！你舉著火炬進入父親的墓穴不就是『光照先人』的意思嗎？」果然，李元忠後來的仕途之路走得十分順暢，夢書中的「夢見墓開，大吉」正是由此而來。

「反說法」不是中國特有的，西方也有「反夢」說，現代科學

中認為，「反夢」可能與意識和潛意識之間的矛盾有關。當然，「反說法」只是占夢家的一種謀生方法，一旦在預斷現實時出現錯誤，「反說法」就會前功盡棄，甚至得出與現實發展完全相悖的「夢兆」。隋煬帝占牛慶兒之夢便是一個最好的例子。

《說郛·海山記》記載，大業四年的一天晚上，隋煬帝來到寵妃牛慶兒的棲鸞院，正好遇到牛慶兒夢魘，好久都醒不過來。隋煬帝問其所夢，牛慶兒回答：「我夢見皇上您挽著我的手臂在十六院遊玩，走到第十院時忽然著火，我眼見您困在烈焰之中，只能趕快喊救命。」

隋煬帝聽後安慰牛慶兒說：「夢死得生。火有威烈之勢，我困在火中，正是得威勢的徵兆。」隋煬帝正是運用「反說法」來占斷妃子之夢的。可惜，牛慶兒的夢不是反夢，而是正夢。大業十年隋朝滅亡，正好與牛慶兒「入第十院，帝居火中」的夢相照應。

明代《笑禪錄》還有一個笑話專門諷刺「反說法」。

有一個人說：「我昨夜夢見大哭，此必不祥。」他的朋友寬解他：「無妨無妨。這是反夢，夜裡夢見大哭，日間便會大笑。」那個做夢人又說：「如果真是這樣，那夜裡夢見有我在哭，日間豈不是無我在笑？」

條條大路通羅馬 —— 轉釋占夢的種種技法

前面已經提到，「轉釋法」較之「直解法」、「反說法」，有更強的操作性，其中一個原因就是「轉釋法」的中間環節靈活多樣。歷代占夢家集千年之智慧，發明了很多轉釋的方法，其中較常見的有「解字法」、「諧音法」、「象徵法」、「連類法」、「類比法」、「符號轉換法」等。

「解字法」透過對漢字的拆分合併得出夢兆，這種方法的出現與漢字的發展成熟息息相關，漢字的結構筆畫、偏旁部首、表意性等都可以作為「解字法」的根據。雖然相傳黃帝最早使用了這種方法，但其真正出現的時間應在漢代。

《塵談》記載，劉邦為亭長時曾夢見追趕一隻羊，他拔掉了羊角、去掉了羊尾。這個夢被占為王者之兆，因為「羊」字去掉首尾就是一個「王」字。《後漢書·蔡茂傳》記載，蔡茂曾夢見大殿的脊檁上有三株穗禾，長得很茂盛，他取下中間一株後失手丟掉。「失禾為秩」，「秩」為官祿，這個夢預兆蔡茂要升官得祿。

三國以後，「解字法」越來越常見。丁固曾夢見松樹長在自己的肚皮上，他自占說：「『松』字拆開來看是『十八公』，我今後必將位至公侯。」十八年後，丁固果然位列三公。著名占夢家索統也是解字的高手，人上山為「凶」，「虜」脫衣為「男」，「內」中人為「肉」，狼吠「腳」為「卻」，這些都是他的經典解字。

使用「解字法」占夢，最精彩的要算《新唐書·列女傳》中

謝小娥復仇的故事。

　　謝小娥的父親和丈夫都是商人，在外經商時被盜賊所殺，財物也盡被掠去。小娥先夢到父親對自己說：「殺我者，車中猴，門東草。」幾天後又夢見丈夫對自己說：「殺我者，禾中走，一日夫。」小娥弄不明白夢意，就把這兩句話寫下來，四處求人指點。

　　幾年後，小娥遇到文學家李公佐，李公佐為她占斷：「車中猴，車字去掉上下兩橫即是申，申又屬猴；門東草合起來是蘭字。殺你父親的人叫申蘭。禾中走就是穿田過，也是申字；一日夫，夫字加一橫，下面加一個『日』字，合起來是個春字。殺你丈夫的人叫申春。」小娥發誓報仇，她女扮男裝潛伏兩年，終於手刃申蘭，活捉申春。

　　「諧音法」根據夢象中的某個情節的諧音來探知夢兆，這個方法以漢語中眾多的同音或近音詞、字為基礎，與訓詁學中的音訓有一定連繫。「諧音法」雖然同「解字法」一樣，都是在夢象裡的字詞上做文章，但比「諧音法」的出現要早很多。《詩經》中就曾把「眾維魚矣」的「魚」諧音為「余」。

　　三國以後，「諧音法」的文獻記載漸漸多了起來。趙直以「桑」諧「喪」，索紞以「火」諧「禍」，萬推以「獸」諧「守」，楊元慎以「盜」諧「到」、以「羊」諧「陽」，都是諧音占夢的例子。《因話錄》記載，柳宗元從永州司馬調任柳州刺史前，夜夢柳樹

僕地。卜者曰：「夫生則為柳樹，死則為柳木。木者牧也，君其牧柳州乎！」

究竟哪些夢可以靠「諧音」占斷，如何「諧音」，全看占夢者的智慧。比如夢見石榴，既可解為夢者將得奇才、祕策，又可諧「榴」為「留」，占得久留之意。另外，「諧音法」往往與其他的占夢方法結合使用，單純的「諧音解夢」比較少。

根據唐傳奇《霍小玉傳》改編的《紫釵記》中有一齣《曉窗圓夢》，講的是霍小玉夢見「一人似劍俠，穿著黃衣。分明遞與，一雙小鞋兒」。鮑四娘在旁邊圓夢說：「鞋者，諧也，李郎（李益）必重諧連理。」這是諧音圓夢的一種藝術表達。

「象徵法」先要把夢象轉換成某種象徵物，然後透過這種象徵物的解釋說明夢兆，這種占夢之術對應夢學理論中的「象兆之夢」，是「轉釋占夢」中應用最普遍的方法之一。

在運用「象徵法」占夢時，人們占斷夢的象徵意義既要有久遠的歷史根據，還要有深厚的生活經驗，不能隨意杜撰。比如，中國古人一向認為夢見太陽和龍就是夢見君，這種象徵意義可以追溯到史前原始文化中的太陽神和龍圖騰崇拜。

在中國古代，象徵法之於占夢可謂無所不包，上至日月星辰、風雨雷電，下至植被動物、山川河流、道路樓臺，細微如日用器物、身體器官等。夢象的象徵意義客觀上都與古老的宗教觀念、生活經驗、風俗習慣與社會心理有關。此處僅舉一

例，略作說明。

　　《左傳‧成公十六年》記載的「呂錡夢射月」一事，本來夢中「射月，中之」已預兆楚王將被射中，這對呂錡來說是吉兆；但呂錡緊跟著「退入於泥」，瞬息之間由吉轉凶。在占斷此夢時，占夢者連用兩次「象徵法」，分別將天象的「月」和地象的「泥」轉釋為「楚王」和「你」，兩次象徵得出了完全相反的夢兆。後來在戰爭中，呂錡射中了楚王，楚王手下的養由基也還了呂錡一箭。

　　「連類法」根據日常經驗中事物之間的相關性，先將夢象轉換成與之相關的某種事物，再由與之相關的事物出發探究夢兆，這種方法對應於王符所說的「連類博觀」。

　　與其他轉釋方法不同，「連類法」需要建立在日常生活經驗的基礎上。「連類占夢」時，夢象與關聯物之間的關係比較穩定，整個占夢過程易於理解，占釋結果相對而言更容易為做夢者所接受，解夢書中以這種方法占夢的例子很多，最複雜的一例出現在《左傳》中。

　　魯昭公七年時楚王的章臺建成，昭公應邀前去參加落成典禮。臨行前，他夢見父親襄公祭祀路神。大夫梓慎引用襄公去楚國時夢見周公為他祭祀路神之例，勸昭公不去為好；而子服卻說先君從沒去過楚國，才由周公來引導他，如今襄公已經去過楚國，理應由他引導昭公，所以還是去為好。

從這個占例中看，梓慎和子服兩人雖然得出了截然相反的占斷結果，但他們所選用的方法卻是一模一樣的。這兩人在占昭公之夢時都在「夢中套夢」，用數年前魯襄公「夢周公祭祀路神」的吉凶類推現在魯昭公「夢襄公祭祀路神」的吉凶。周公之意在襄公之夢中得到體現，而襄公之意則在昭公之夢中得到體現。

漢唐夢書中記載：「夢見娥者，憂婚也；夢見灶者，憂求婦嫁女」，娥古義為女子雙肩上的裝飾物，灶是婦女做飯的鍋臺，這些器物都與女子相關，如果在男子夢中出現就說明他們想要娶妻；「夢圍棋者，欲鬥也」，下圍棋總要分個勝負，夢見下圍棋表明做夢者好鬥的心理。

從一定程度上說，「連類法」的確可以在理解夢意時給人們一定的幫助，但這種幫助不是絕對的，更不應該公式化處理。一定要說夢見彈琴就會得到朋友，夢見杯案就會有客人，夢見五穀就能得到財物，也未必果真如此。

「類比法」要先將夢象轉換為與之相類似的某種事物，然後再運用比喻、類推等方式探索夢兆。「類比法」的關鍵在於抽取夢象中的哪些特點和如何進行類推。夢象和人事雖然並不相同，但由於本質上必然存在某種關係，優秀的占夢家往往可以運用「類比法」找到關聯之處，進而做到「占而有驗」。

漢唐夢書中有不少「類比占夢」的例子，比如：

丈尺為人正長短也。夢得丈尺，欲正人也。

權衡為人平正也。夢得權衡，為平端也。

「丈尺」有「正長短」的功能，由物比人進行類推，夢見「丈尺」就是想正人之長短；「權衡」有平衡兩端的特性，由物比人進行類推，夢見權衡就能公平待人。

同「連類法」一樣，「類比法」也有一定的科學依據，人的思維方式相對固定，清醒時的人和睡夢中的人思想中一定包含類似的內容。聰明的占夢家運用「類比法」時不會僅僅關注夢象本身，他們會全面考察做夢者的生活狀況和心理狀態，進而得出結論。

「符號轉換法」又稱「破譯法」、「換碼法」，占夢時要先將夢象轉換為一種符號，然後根據轉換來的符號推斷夢兆。這種方法的精妙之處就在符號的轉換上，因為在這個過程中要用到傳統的陰陽、五行、八卦等知識。

「符號轉換法」所針對的夢像一般是比較複雜或者朦朧的，做夢者很難理解夢象的意義，他們必需求教於專業的占夢家，由占夢家來完成對夢象的符號轉換和破譯。這時的夢象就如同「密碼」一樣，它可以被譯為「陰陽」，也可以被譯為「五行」，還可以被譯為「八卦」，這要取決於占夢家的需求。

傳說，魏國大將鄧艾伐蜀時曾夢見自己坐在山上，而山下有流水。他的護軍爰邵根據《周易》的卦形把整個夢象譯為「蹇

卦」，然後再以「蹇卦」來占斷吉凶。蹇卦的卦辭是「利西南，不利東北」，象辭釋曰「利西南，往得中也；不利東北，其道窮也」，爰邵據此得出了「往必克蜀，殆不還乎」的占辭。

西晉名士符融曾借八卦對董豐之夢進行「符號轉換」，推出董豐之妻為馮昌所害，占釋極為複雜。

《晉書》記載，董豐在外遊學三年，回家路過妻子娘家，當夜妻子被害。妻子家人認為是董豐殺害，董豐則說兇手另有其人，一時是非難辨。這時，董豐想起案發前他曾夢見自己騎馬渡河，先從北岸到南岸，又從南岸回北岸，最後再從北岸到南岸。這時馬停在水中，任憑鞭打都不肯走。他低頭一看，有兩日在水中，馬左一日為白色，浸水而溼；馬右一日為黑色，看上去很乾燥。

符融占曰：「水為『坎』，馬為『離』，由北到南來回三次形成一個『之』字路線。由此可將夢象轉換為『坎之離』，『坎』象徵執法之吏，當在上。坎上離下組成『既濟』卦，此卦的先例是『文王遇之，囚之羑裡』，要是董豐有理（禮），一定能夠囚中得生。另外『馬左而溼』得『馮』，『兩日』相重得『昌』，所以殺害董豐妻子的人應該叫『馮昌』。」

「符號轉換法」不獨為中國所用，《聖經》(Bible) 中曾記載法老王夢見七頭肥壯的牛與七枝豐滿的稻穀，又夢見七頭骨瘦如柴的牛與七枝乾癟的稻穀。約瑟解釋前者表示豐收的七年，

後者表示饑荒的七年。佛洛伊德和弗洛姆（Erich Fromm）都認為「符號法」是一種「非心理學的夢的分析」。

　　高明的占夢家為了達到自己預想中的占驗效果，往往會使用多種轉釋方法來溝通夢象與夢兆。這類「數法並用」的占夢雖然可能有更多的附會，但看上去確是神乎其神。

　　三國時，魏國貴戚何晏夢見幾十隻青蠅趴在他的鼻子上，怎麼趕也趕不走，他求教於管輅。管輅以鼻梁突出有「山」之象，先將夢象轉換為八卦中的「艮卦」，然後說：「天中之山，高而不危，所以長守貴。現在青蠅趴在你的鼻子上不走，表示你已達盈滿之數，即將由盛轉衰。此夢大凶！」管輅兼用「符號法」、「象徵法」和「諧音法」，夢後不久何晏為司馬昭所殺。

　　中唐時期的王生是一位江淮讀書人，一生窮困潦倒，曾靠為人占夢為生。商人張瞻經常在外奔走，有一次回家前夢見「炊於臼中」，王生為他占斷曰：「君歸不見妻矣。臼中炊，固無釜也。」在舂米的石臼中做飯，表示「無鍋」；「無鍋」古人又稱「無釜」；「無釜」諧作「無婦」。在得出「歸不見妻」的過程中，王生兼用了「連類法」和「諧音法」。

　　事實上，無論占夢家有多麼聰明絕頂，也不管他們所使用的占夢之術多麼變化多端，夢象與現實的關係都不出相同、相異和相反三種結果。占夢家要在這個領域中生存，就必須擁有超高的占驗率。選擇正確的占夢之術，當然能使占夢家更具說

服力。不過，選擇占夢術的關鍵不在術而在道，真正掌握著占夢玄機的其實是那些祕而不宣、深藏不露的占夢之道。

第三節　從占驗到占斷
── 深藏不露的占夢之道

作為一種文化現象，占夢的深層內涵是要參透現實、預斷未來。前面我們說，占夢就好像做數學題，占夢之術是運算時採用的函數，不同函數對應不同的運算結果。很明顯，一切問題的關鍵就在占夢家如何選擇「函數」，這其中所蘊含的原則就是所謂的占夢之道。

審其變徵，兼考內外 ── 占夢尊原則

中國古代傳統的夢書大部分都是「辭典」式的，普通人帶著對夢的疑問翻開夢書，大都可以查到所需求的占斷結果，不過這種方式得出的結論往往沒什麼價值，稍有頭腦的占夢者都不會死守夢書中的占辭。

晉代占夢家索統曾向一位老者請教占夢之術，老者送給他八個字：「審測而說，實無書也」。在占夢家眼中，一味靠翻閱夢書來占斷夢象等於刻舟求劍、膠柱鼓瑟，夢書的占辭對他們來說，最多只具有參考和借鑑的價值。

最早嘗試點破占夢之道的是東漢的王符，在《潛夫論‧夢列》中王符提出了占夢的一般原則：

夫占夢必審其變故，稽其徵候，內考情意，外考王相，則吉凶之符、善惡之效，庶可見矣。

這裡，「變故」指做夢者發夢前的種種變化，涉及的是夢因問題；「徵候」指夢象的具體特徵和夢境的基本態勢；「情意」指做夢者當下內心的感情、意願及其所表現的心理狀態；「王相」指發夢的時令、節氣及五行相生相剋的情況。王符認為，只有充分掌握了「變故」、「徵候」、「情意」、「王相」這四方面的情況，才能對夢象所對應的吉凶禍福做出判斷。

晉代索紞在他的《玉瑣輝遺》中也談到了占夢原則，他說：「問人兮品倫何定，問地兮隔道何垠，問時兮循環無間，問日兮飛走無停……」作為出色的占夢家，索紞考慮的因素要比王符全面一些，但大體方向都是一致的。

既然有這麼多的相關要素對分析夢象、把握夢意有參考價值，那麼在具體占夢過程中又當如何操作呢？

貴賤有別，邪正有分 —— 占夢先看人

在真實的占夢過程中，占夢家首先看重的是做夢者本人。這一點至關重要，至今還可以看到有關這方面的夢例。比如，當下流行的解夢觀點認為，房子在夢中出現，表示庇護、保

佑、父母、名譽、地位、官職等，但不同的人夢見買房子就代
表了不同的意思：

未婚男性夢見自己買房子表示，要結婚、立業。

未婚女性夢見自己買房子表示，會找到男友並且自己的事
業會蒸蒸日上。

已婚男女夢見自己買房子，預示著要和對方吵架。

在職人員夢見買房子，表示有升職的可能。

《夢林玄解》在總結過往占例的基礎上，將做夢者本身對占
夢的影響概括為三條：

第一條，貴賤有別。王符曾說過：「同事，貴人夢之即為
祥，賤人夢之即為殃，君子夢之即為榮，小人夢之即為辱。」
《夢林玄解》中具體闡述說：

帝王有帝王之夢，臣宰有臣宰之夢，聖賢有聖賢之夢，常
人有常人之夢，以至工賈商農、輿臺廝僕則有工賈商農、輿臺
廝僕之夢，窮通榮辱，成敗虧盈，各緣其人而為推測。不得以
至卑至賤者，乃妄以尊貴之象加之耳。

同樣的夢象，針對不同身分的人，其占斷或窮或通、或榮
或辱、或成或敗、或盈或虧。例如，同是夢到與僧侶吃飯，如
果做夢者是貴人，那就說明他有道緣，如果做夢者是一般人，
就預示他將遭逢厄運；同是夢見身為隸卒，做夢的是一般人這
就是個吉夢，做夢的是君子這就是個凶夢；同是夢見象牙床，

富貴的人就會更加富貴，貧窮的人就會受到更嚴重的剝削；同是夢見佛寺，一般人就是吉夢，貴人就是凶夢。

　　單純就夢象而言，這幾條占辭不能說完全沒有道理：貴人靠結交僧道提升知名度，一般人只會在遇到災禍時求佛問道；一般人做了隸卒還可以耀武揚威，可君子要是身為隸卒那就是奇恥大辱。不過，也不能將夢的吉凶都對應到做夢者的貴賤之別上面去，那將很難為人所信服。

　　第二條，邪正有分。陳士元曾把夢者分為吉人和凶人，他說：「凶人有吉夢，雖吉亦凶，吉不可幸也；吉人有凶夢，雖凶亦吉，凶猶可避也。」那麼，劃分吉人和凶人的標準是什麼，又為什麼會出現「凶人吉不可幸」而「吉人凶猶可避」的情況呢？《夢林玄解》對此做了進一步的解釋：

　　凶人獲吉夢，夢則吉矣。德不足以當之，雖吉亦凶，胡可幸也。吉人獲凶夢，夢則凶矣。天必有以佑之，雖凶亦吉，猶可避也。至如中懷惡意，夢得吉占，是必所以速其禍。實抱仁心而反罹凶兆，是必所以玉其成。君子當察人之為邪為正，為邪中之正、正中之邪，則吉凶如列了，禍福如隨影也。

　　很明顯，所謂的吉人和凶人就是正與邪的代稱，其劃分完全以道德品質為標準，儒家的道德決定論在這裡發揮了關鍵作用。陳士元曾引春秋時趙嬰的夢例來說明「凶人吉不可幸」的道理。

　　據《左傳》記載，晉國大夫趙嬰曾夢見天神對他說：「你來祭祀我吧，我會賜福於你的！」這本該是直白的吉夢，可面對趙嬰的求教，士貞伯卻支吾其詞。待趙嬰離開後，貞伯才對其他人說：「神福仁而禍淫。淫而無罰，福也。祭，其得亡乎？」原來，趙嬰在侄子趙朔死後與侄媳婦莊姬私通，背德亂倫。士貞伯認為這樣的人不會得到天神的眷顧，即使做的是好夢也是凶兆。果然，趙嬰前腳興高采烈地祭祀了天神，後腳就被人殺死了。

　　第三條，敬肆有端。王符很早就提出做夢者對夢的態度會影響夢的吉凶應驗。「修省戒俱」的嚴肅態度和「縱恣驕侮」的放肆狀態可能會導致夢兆的禍福發生倒轉。《夢林玄解》中說：

> 禍兮福倚，福兮禍伏。天道無常，唯人自招。故夢瑞而德益修者，福必臻；夢瑞而縱恣者，福轉為禍。夢妖而驕益甚者，禍必成；夢妖而戒懼者，禍轉為福矣。故夢之妖瑞，視乎其人之德不德。召感幾微，轉移呼吸，不可不慎，豈執經而論哉！

　　這裡，夢的吉凶應驗被認為是由做夢者自身所招致的，夢兆禍福倒轉的關鍵在於做夢者的態度。假如夢象中顯示吉兆，但做夢者本人卻是「縱恣驕侮」，這時吉兆就會轉為凶兆，福澤就會變成災禍；相反，假如夢象中顯示凶兆，而此時做夢者能夠「修省戒懼，聞喜若憂」，那麼凶兆就會變為吉兆，災禍也就轉而為福了。這條其實與「邪正有分」同源，都是儒家道德觀的展現。

《國語・晉語》中記載的「虢公夢蓐收」的故事能夠說明「敬肆有端」的意思。

有一次，虢公住在宗廟裡，他做了一個夢，夢見有個天神長著一張人臉，通體白毛，一雙虎爪，手執大斧，立在西邊的屋角。虢公嚇得要逃跑，天神道：「不要走！天帝有命令，要晉國來襲擊你的國家。」虢便拜倒在地叩頭。

虢公醒來後召史囂來占夢，史囂占斷說：「這個天神叫蓐收，是天上的刑神。天上的事由神來執行。」虢公本來認為自己得天神眷顧、此夢大吉，他覺得史囂沒有說吉利話，便把史囂囚禁起來，還命令國人全都來慶賀他做了個好夢。虢公的這種態度就叫「縱恣驕侮」，即使真是好夢也會變成凶兆。果然不出六年，晉國便滅掉了虢國。

五不占，五不驗 ── 占夢要取捨

在充分考慮做夢者的身分、品質和態度後，占夢家仍不能輕易占夢。因為夢容易受到內外因素的干擾，為了能儘量提高占驗率，占夢家們還要為自己想占、能占的夢設置更多的條例規定。

王符在《潛夫論・夢列》中講道：

今一寢之夢，或屢遷化，百物代至，而其主不能究道之，故占者有不中也。此非占之罪也，乃夢者過也。或其夢審矣，而占者不能連類博觀，故其夢有不驗也。此非書之陋，乃說之過也。

　　做夢者一夜之間所做之夢變化多端，自己都無法完全表述清楚，自然無法占驗，這不是占夢者的錯，而是做夢者的錯；而從占夢者的角度，如果不能靈活運用夢書中的各種占夢之術，導致占而不驗，這不是夢書的錯，而是占夢者的錯。陳士元在王符觀點的基礎上，為占夢提出了「五不占，五不驗」的取捨原則。

　　其中，「五不占」是對做夢者提出的要求──

　　第一條，「神魂未定而夢者，不占」。如果做夢者本來「神魂未定」，那他所做的夢就未必是天人感應，不是神旨自然不能占斷。

　　第二條，「妄慮而夢者，不占」。「妄慮」指的是有私欲邪念，常常胡思亂想。這種私心雜念會干擾夢境，這一類夢也不能占。

　　第三條，「寤知凶阨者，不占」。「寤知凶厄」是說做夢者醒來後自占其夢兇殘，當有災禍。這種情況下，忌諱一占再占。這種說法起源很早，漢代的杜預認為《左傳》中就已「戒數占夢」，「數占」可能導致前後結果矛盾，這是對神意的不敬。

　　第四條，「寐中撼病而夢未終者，不占」。「寐中撼病」是指做夢時因為某種外界的聲響或是人為的猛烈搖動而驚醒，這個時候夢尚未做完，自然也不能占斷。

　　第五條，「夢有始終，而覺佚其半者，不占」。雖然在做夢

者的睡眠裡夢已經有始有終，但當作夢者醒來後卻無法完全回憶起夢境時也不能占斷。

按照「五不占」的說法，只有平靜入睡、睡眠中沒有任何干擾、醒來後還可以完完整整記錄下來的夢才能被占斷，因為只有這種情形做夢者才被認為得到了真正的神旨。所謂「五不占」很大程度上是占夢者為自己鋪設的後路，一旦遇到難度較大、沒有把握的夢，他們就會用這些藉口來拒絕占夢，以降低占斷的失誤率。

「五不驗」是對占夢者本身提出的要求，看上去更像是一種行業準入標準──

第一條，「昧覺本原者，不驗」。「昧覺本原」是說占夢者不懂得夢是神意的顯示，這類人根本不懂夢、不相信占夢，怎麼可能占而有驗？

第二條，「業術不專者，不驗」。作為占夢師，沒有學好占夢之術，只是略懂皮毛，這種人本身學業不精，不可能占而有驗。

第三條，「精誠未至者，不驗」。做夢者做夢時要心神平靜、誠心誠意，占夢者占夢時也必須做到心誠，心誠才能通曉神意。

第四條，「削遠為近小者，不驗」。「削遠為近小者」指的是那些不懂占夢之大道，而只會玩弄小術的人。任何時候小術都不可能體察神旨。

　　第五條，「依違兩端者，不驗」。「依違兩端」指的是一夢數說、前後矛盾的情況。為討好做夢者而言之為吉，為嚇唬做夢者而言之為凶。故弄玄虛的占夢怎麼可能應驗？

　　雖然「五不驗」表面上是對占夢者的嚴格要求，但其實質還是一種以退為進的迂迴策略。占夢者無法占驗時端出「五不驗」，不僅可以為自己開脫，還可以保全占夢的整體神聖性，可謂一箭雙鵰。

　　除了「五不占」與「五不驗」外，占夢者還有很多關於「占而不驗」的遁詞。《夢林玄解》還曾講過「怪異無占」，「強占不驗」；據說夢中「神靈指示姓名、數目、文字、器皿之類，如天機微露不盡洩漏者」，「雖善占之士，不可妄占」。這些遁詞很多時候可以避免「占而不驗」的尷尬局面，還能進一步鞏固占夢的神祕色彩，可謂占夢者的「靈丹妙藥」。

巧言附會求應驗 —— 占夢有竅門

　　要想獲得一般人做不到的高占驗率，占夢者不僅要在「進口環節」把關，還要在「出口環節」下功夫。也就是說，占夢者不但要詳細了解做夢者，嚴格把握可占之夢的條件，還要在占辭上做文章，要巧於附會、善於附會。

　　凡是高明的占夢者無一不是附會的高手。占夢者的附會主要用在兩個地方，一是釋夢，二是占斷。釋夢時他們要根據自

己想要的結果選擇最合適的占夢方法，爭取使自己的釋夢過程嚴謹周到、無懈可擊；到了占斷環節，情況就要發生變化，占夢者將占斷之辭講得越靈活、越含糊越好，要在占斷的同時給自己留下餘地，以便左右逢源。

前面講到的唐代黃幡綽為安祿山占夢的故事，很能說明在占夢時選擇恰當方法的重要價值。而三國時候周宣占斷曹丕「殿瓦墜地，化為鴛鴦」之夢時，得出的「後宮當有暴死者」的結論也為自己留下了足夠的詮釋空間。重新審視這兩個著名夢例，不難發現其中附會之處。

名家附會往往會讓人們感到無跡可尋，但仔細分析還是可以發現其中奧妙。占夢並不是簡單的線性結構，作為對人類複雜的思維活動的一種判斷方式，占夢實質上擁有內外兩層結構：外層結構是「順向占夢」，從夢象到占斷再到人事，這個過程是順乎邏輯發展的，是占夢者努力呈現給世人的所謂「占驗過程」，但這只是占夢披著的一層「外衣」；它的真正精髓在內層結構上，這層結構是「逆向占夢」，占夢者首先把握的其實是人事，從人事推導占斷，再從占斷回到夢象，這整個過程都是由占夢者自己暗箱操作的，而且還要儘量保證不讓「觀眾」發覺一絲端倪。

很顯然，真正的「占夢」是在內層結構上完成的，而占夢者給出的所謂占釋過程，不過是掩人耳目的道具罷了。前面講

過，魏國周宣為曹丕占「磨錢之夢」時正是準確地抓住了曹丕嫉恨弟弟曹植、急於加害他的心理，再根據太后阻撓、曹丕一時未能如願的事實，才能遊刃有餘地做出精彩的占斷。

不僅周宣有這樣的本事，與他同時代的趙直也有同等功力。趙直占魏延「頭上生角」之夢的過程看似非常玄妙，其實用的就是「逆向占夢」這一招。他的占斷是建立在準確把握當時形勢的基礎上。魏延作為蜀國先鋒，個性張狂，向來不為謹慎的諸葛亮所欣賞。諸葛亮將死，必會對手下諸將做出一定的安排，趙直也許不知內情，但審時度勢也不難猜出魏延的下場。

趙直首先抓住了對人事的預判，然後他再往回找，找到的占斷就是「頭上用刀，此夢大凶」。這個占斷同樣很有水準，他既沒說魏延什麼時候死，也沒說他怎麼死，就說這個夢大凶。也就是說，不管怎麼樣，只要魏延被殺了，這個夢的占驗就完成了。

從上述占夢之道中，我們不難體會到：無論使用什麼方法，拙劣的占夢者不知變通、死守成規，最終只會「占而不驗」；只有懂得因勢利導、隨機應變的人，才可能成為優秀的占夢家。其實，占夢是這樣，其他占卜方式也都如此。

中國古代的占夢文化，儘管帶有濃重的個人功利色彩，但也的確蘊含了人們預知未來事物發展方向的良好願望。可以說，占夢習俗大體是不科學的，是一種謬誤。不過，當我們用

智慧揭開這層謬誤的面紗時，還是可以找到一些有價值的文化現象。對於前後延綿幾千載、難以計數的占夢，我們不能只用一個「無稽之談」全部抹殺。

　　自從占夢在中華大地上產生，就與傳統文化結下了不解之緣。以占夢習俗為基礎的傳統夢文化與其他傳統文化形態之間存在著千絲萬縷的連繫。下面幾章裡，我們會將夢文化放置到中國傳統文化的網絡系統中去，講述夢文化與古代政治宗教、文學藝術、社會生活之間碰撞出的光彩奪目的火花。

第四章　棋罷不知人換世
　　　　　——夢與政治、宗教

第一節　鐵馬冰河入夢來 —— 夢與政治

　　夢與政治的連繫可溯之悠遠。殷周兩代朝廷設有專門的占夢官，殷商天子命占夢以察治亂之兆、決國家大事，周朝天子需要占夢官上獻吉夢、禳除噩夢。戰國之後專職的占夢官雖然已銷聲匿跡，但占夢作為一種普遍的迷信仍然存在於統治階層中。在古代，與政治相關的夢總會以論證武器的身分出現。

　　夢的複雜性、神祕性和不可逆知性使其天然地散發著強大的說服力；「自知而他不知」的特點使夢相較於其他占卜方式，擁有更為明顯的操作優勢，最符合政客們的需求。夢文化與古代的王權更迭、政治鬥爭、軍事決策之間有著微妙的關係：它既可以作為一種政治智慧發揮積極作用，也可以變成一種陰謀權術掀起腥風血雨。

公然的神道設教 —— 夢與王權

　　中國古代帝王歷來都以「天子」自居，「天子」就是天帝之子。可是，拿什麼來證明呢？一般有兩種方法：一是靠「天降祥瑞」，傳說中的「鳳凰來儀」、「河圖洛書」、「秦獲若雉」、「魯獲如麇」講的都是祥瑞，不過這些東西都是需要眼見為實的，隨意編造破綻太明顯；這時候就需要第二種方法 ——「夢」來大顯神威了，夢的私密性很高，夢見什麼只有做夢者自己知道，用

夢來證明自己，不但名正言順，還不會被人找到破綻，實在一舉兩得。

作為王者之兆的夢，從黃帝到清朝末年從來沒有停歇過。歷代帝王的降生，多有不平凡的夢兆。君王們需要用夢來證明自己身分的高貴和繼承大統的合法性，突出自己「受命於天」的神聖。因為君王是龍種、是至陽之日，帝王之孕或生，其母必夢天入懷，夢龍入懷，夢日入懷，以為徵兆。

漢家天子出世前幾乎全部都有神聖的夢兆出現，這個傳統是從漢高祖劉邦開始的，傳說劉邦是其母夢龍所生。《史記·高祖本紀》中說：

其先，劉媼嘗息大澤之陂，夢與神遇。是時雷電晦冥，太公往視，則見蛟龍於其上。已而有身，遂產高祖。高祖為人，隆準而龍顏，美鬚髯，左股有七十二黑子。

劉邦的母親劉媼曾經在「大澤之陂」上休息，睡夢中突然電閃雷鳴，她驚見一隻蛟龍伏在自己身上，此夢後劉邦出生。這個神奇的夢無非是想告訴人們，漢高祖不僅是龍種下凡、「種源」高貴，而且天生一副標準的「龍顏」，非凡夫俗子可比。既然開國的皇帝是龍種，那他的子孫自然也都是龍種，各朝漢帝都特別熱衷於為自己的出生找一個「天命之符」。

高祖和薄姬所生之子漢文帝劉恆原為代王，周勃等人平定呂氏迎其為帝，這是當時政治形勢的必然走向。可這樣的轉變

有什麼「天命」依據呢？這個「天命」在《史記》和《漢書》裡都記載了，《史記・外戚世家》曰：「薄姬曾夢『蒼龍據腹』而生代王。」《漢書・鄧通傳》曰：「文帝嘗夢欲上天，不能，有一黃頭郎推上天。」

母親夢見自己腹中骨肉是蒼龍，兒子夢見自己在黃頭郎的幫助下成功登天，這不就是天命所歸嗎？然而，薄姬、文帝到底有無蒼龍之夢、上天之夢，誰也無法判斷。既然皇帝都這麼說，想必事實如此，身為下民小臣的誰還敢去質問皇帝？

諷刺的是，司馬遷《史記》記載蒼龍之夢時是這樣寫的：一日劉邦與薄姬溫存，薄姬對劉邦說「昨暮夜妾夢蒼龍據吾腹」，劉邦聽後接了一句「此貴徵也，吾為女遂成之」，於是兩人便共赴巫山雲雨了。大概是司馬遷也看透了這裝腔作勢的「天命」，才要在史書中開個玩笑、調侃一番吧！

漢武帝不像他的曾祖、祖父，他即位名正言順，困難不大，自然也就不需要借用「大澤之陂」的蛟龍來「授命」，也不必麻煩「黃頭郎」在背後推上一把，他的母親王美人可以在漢宮中舒舒服服地託夢生天子。據《史記・外戚世家》記載，漢武帝的母親孝景王皇后懷武帝時曾「夢日入懷」。《王纂》還說她曾夢見「神女捧日授己，吞之遂孕，生武帝」。

相比自己的先祖，馬上得江山的漢光武帝最為痛快，為了順利登上皇帝寶座，他毫不諱言地告訴自己的部下，自己在夢

中乘龍上了天。《東觀漢記》是這樣記錄的：

光武召馮異曰：「我夢乘龍上天，覺悟，心中動悸。」異再拜，賀曰：「此天命發於精神。心中動悸，大王慎重之性也。」

得力幹將果然名不虛傳，馮異雖為武將，但跟隨劉秀多年，與主子默契十足，對這個登天之夢也是心領神會，他趕快與諸將議定尊號，擁劉秀正式稱帝了。

兩漢所開創的這種社會風氣，到了魏晉時期更是愈演愈烈。《叢談》說曹丕稱帝時曾夢見太陽墜地，一分為三，自己拿了其中一份置之於懷中。此夢當然寓意三分天下，然而，一個弒君篡位者真不知他哪裡來的神旨！另據《宋書》記載，孫堅妻子懷孫權時「夢日入懷」，此夢理當照應孫權在東吳稱帝之事。

東晉孝文帝的母親李太后「數夢兩龍枕膝，日月入懷」後生了孝武帝、會稽文孝王和鄱陽長公主。兩龍預示兩位皇子，日月預示有男有女。更為神奇的是，這位太后「相長而色黑」，宮裡人都取笑她是「崑崙」，簡文帝也是多年無嗣後才聽從相士的話「以大計，召之侍寢」的。可見這女子本就是異人，似乎是上天專門安排了來給簡文帝生兒育女的。

隋文帝楊堅未登基時曾有一次乘船外出，夜泊江上休息。當夜楊堅夢見自己失去了左手，驚醒後感到十分忌諱。上岸後，楊堅偶然行至一間草庵，遇到了一位年老的僧人，便請他為自己解夢。老僧聽楊堅講完自己的夢後，慌忙起身祝賀說：

「無左手者，獨拳也，當為天子。」此話後來得以應驗，楊堅做了隋朝開國皇帝，他在草庵處建寺來紀念這個夢。

　　唐代張冘所著的《獨異志》中有關於這個夢的詳細分析。楊堅的失手之夢，如若以常人的理解絕非好兆頭，還可能會是凶相，預示著將有斷手折臂之禍。然而老僧的解釋卻不一樣，他理解為獨拳，「拳」諧「權」，獨權就「當為天子」。在老僧這裡，隋文帝的夢應了陳士元「吉人有凶夢，雖凶亦吉」這句話。

　　造化弄人，隋文帝辛苦得來的江山只守了兩代就被李淵奪去了，唐朝開國皇帝李淵居然也做過一個看似大凶，實則大吉的上位之夢。在剛剛要起兵反叛隋朝時，李淵曾夢見自己掉在床下，然後被密密麻麻的蛆吃食身體。驚醒後李淵惶恐不已，認為此夢是自己將死之兆，於是遲遲不敢起兵。

　　這時，李淵的一個部下了解了這個情況，就給李淵講了另一番道理，他說：「夢見落在床下就是『陛下』的意思，而大量的蛆蟲都來啃食你，說明眾人都將依附於你。此夢大吉，您要當皇帝啦！」李淵聽後，頓覺有理，於是放心地起兵了。後來他順利地推翻了隋朝，自己當了皇帝。

　　有宋一代，有關后妃夢日的記載更多，那個謀奪了自己侄子江山的宋太宗的母親杜太后，因大哥發瘋、二哥暴斃而成功上位的真宗的母親李太后，還有那個「死活不願意」登基的南宋寧宗的李皇后，都曾做過有關太陽的夢。可惜，這些「承命而

生」的宋代君王誰都沒能把凡間王朝治理好，兩宋成了中國歷史上最窩囊的王朝之一。

　　大概是從前夢日、夢龍的人太多，為避免重複、提高可信度，明太祖朱元璋的「天命之符」要比他的前輩皇帝們來得複雜一些。傳說朱元璋登基前曾經夢見西北天上有一座朱臺，朱臺四周有欄杆護衛，上面站著兩個金剛模樣的人。朱臺之南坐著幾個戴幞頭巾的人，中間是道家的三清。幾個紫衣羽士拿著紅衣授予朱元璋，紅衣裡面有五彩圖案。朱元璋問這是什麼衣服，道士說是文理真人服。這個夢被認為是天授帝王之意。

　　在中國古代，不僅漢民族喜歡搞這些王權神道，少數民族的統治者也不能免俗。據《金史・本紀第二》記載，金太祖的兄長康宗曾經夢見自己追趕一隻狼，卻屢射不中，可弟弟完顏阿骨打一下子就射中了。他醒來後將這個夢講給眾臣聽，眾臣都說：「這是吉夢，兄長得不到的弟弟將會得到呀！」就在此月，康宗去世，金太祖即位，拉開了金王朝統一北方的序幕。

　　康宗這個夢有很明顯的少數民族特色：「狼」在以打獵為生、崇尚殺戮的女真人眼中，是最有戰鬥力的動物，是象徵君王的「祥瑞」；而正在與金國爭奪北方大權的遼國又恰好以狼為圖騰，射狼就意味著「滅遼」。康宗自夢射狼不中可能是他預感自己已無力統一北方，而其弟射中則代表金最終定能滅遼。這個夢為金太祖的即位提供了強大的輿論支持。

黑暗中的角力 —— 夢與權力鬥爭

　　夢實在是古代政壇上的寵兒，它可不願意只充當為君王正名的工具，有時候一個夢可以預知權力的走向，可以改變當下的鬥爭形勢。夢在某些時候走到了權力鬥爭的檯面，演繹了一齣齣嬉笑怒罵的歷史劇。

　　據《左傳》記載，魯僖公三十一年，由於受到狄人的侵擾，衛成公遷都帝丘，當時政權還很不穩固，成公夢見衛國開國之君康叔向自己傾訴，獻給他的祭品都被夏後所奪。實際上，衛成公夢見祖先的祭品被夏族祖先所剝奪，完全是狄人侵擾給他心靈留下的陰影。在古人觀念中，對於有土之君來說，如果祖先得不到子孫的祭祀，就意味著政權的衰微，衛成公的夢反映了他的恐懼心理。

　　據《左傳》記載，魯哀公二十六年宋景公去世，公孫周之子得與啟為君位鬧得不可開交。這時得做了一個夢，夢見「啟北首而寢盧門之外，己為烏而集於其上，咮加於南門，尾加於桐門」。夢醒後得認定此夢大吉，自己必將登上君位。他自占說：「啟在夢中頭朝北方這是死者之象，而身在門外也表示將失去國家政權；反觀自己，頭朝南方是生者之象，在門內也表示獲得政權。」實際上，這個夢正是得為了爭奪政權對啟發起的一次思想攻勢。

　　三國時，曹操夢見「三馬共食一槽」的景象。他醒來後憂

心忡忡，當時朝中司馬懿家族正蓬勃發展，而「槽」與「曹」諧音，曹操認定此夢預示司馬懿將篡奪曹氏權柄。曹操憂心忡忡地對其子曹丕說：「司馬懿絕不會甘為人下，將來必定壞你江山。」曹操一心想要除掉司馬懿，可曹丕卻不以為然，還多方祖護，最終司馬懿免於一死。

果然，曹操死後不久，司馬懿就暴露了自己的野心，他精心設計除去曹爽，對曹氏及其支持者大開殺戒，牢牢掌握了曹魏政權。四年後，司馬懿離世，其子司馬師、司馬昭相繼執政。司馬師與司馬昭和父親一樣，都是表面謙和、內心狠辣的人，他們先後廢掉並殺死了曹家三個皇帝。司馬昭之子司馬炎最終代魏自立為晉武帝。「三馬同槽」的夢三十年間全都應驗。

中國古代的唯一一位女皇武則天也有類似的夢故事。有一天她將宰相狄仁傑召來，並給他講了一個夢，說自己夢見一隻鸚鵡，其「羽毛甚偉而翅俱折」。狄仁傑聽後為其解夢說：「鵡諧音為武，是陛下您的姓氏，而兩翅折是指陛下您的二子廬陵王和相王，陛下起二子，則兩翅全矣。」

狄仁傑利用鸚鵡夢進行闡發，將鸚鵡的雙翅引申為武氏的兩個兒子，一下子就讓武則天明白了「雙翅折，鸚鵡傷，雙翅全，鸚鵡威」的道理。其實，聰明絕頂的武則天何嘗不懂這個道理，她已經打算立廬陵王李顯為太子了。經此一夢與狄仁傑一占，雙方都心領神會。

　　如果說其他人的夢還只是政治鬥爭的衍生品，那唐代宗李豫的夢簡直就是殺人的凶器。唐代宗時期的大宦官李輔國是代宗之父肅宗的寵臣，肅宗死後他進為尚父，專權用事、欺凌君主，代宗早就深恨李輔國，欲罷其職而除之。

　　一天晚上，唐代宗夢見玄宗時的太監高力士領鐵騎數百人殺死了李輔國，這些人砍下李氏首級後鮮血流得滿地都是，他們吆喝著向北去了。夢中代宗不解，命人去問，高力士回答說：「這是明皇的旨意呀！」代宗夢醒後就聽說李輔國死於盜寇之手了。

　　其實這個夢實在有點掩耳盜鈴的意味，誰都看得出李輔國就是唐代宗派人殺的，《舊唐書》還留了面子，說是「夜盜入輔國第殺輔國」；《新唐書》就沒那麼客氣了，直接說代宗「遣使者夜刺殺之」。代宗殺了人總要解釋一下，他的解釋就是一場夢。

沙場上的神旨 —— 夢與戰爭

　　夢從三皇五帝時開始，就與戰爭有扯不清的關係。那個時代最著名的一場戰役 —— 黃帝蚩尤之戰中，夢就發揮過關鍵的作用。據《藝文類聚》記載，黃帝戰前曾夢見西王母派了一個披著黑狐狸皮的道人給他授符，對他說：「太一在前，天一備後，河出符信，戰即克矣。」

　　黃帝醒來之後，把這個夢告知風后、力牧二臣。風后、力

牧說：「此兵應也，戰必自勝。」力牧與黃帝一起來到盛水旁邊，設壇舉祭，祭以大牢。一隻黑色的烏龜果然銜著符從水中出來，把符放在祭壇中，然後離去。後來，黃帝拿著此符出征，擒獲了蚩尤。這個故事說明，很早以前人們就開始以夢兆來預卜戰爭的勝負了。

《左傳》載僖公二十八年，晉楚之間爆發城濮之戰，交戰之前晉文公重耳夢見自己和楚莊王搏鬥，被對方壓在下面，並且吸吮他的腦漿。這個夢前面講到過，是經典的反夢。無獨有偶，楚國的統領子玉也做了夢：「初，楚子玉自為瓊弁、玉纓，未之服也。先戰，夢河神謂己曰：『畀余，余賜女孟諸之麋。』弗致也。」

晉楚兩軍的交戰地點在城濮，鄰近古黃河，因此子玉夢見河神向他索要瓊弁、玉纓。可是黃河在楚國疆域之外，楚人一向疏遠黃河之神，子玉並沒有依夢滿足河神的要求。他的兒子大心和子西都勸他入鄉隨俗祭祀河神，可子玉堅絕不肯。結果，城濮之戰子玉大敗，自覺無顏見申息兩地的父老，就在連谷自殺了。

《左傳》昭公十七年記載，晉國大夫荀吳率領大軍巧妙地殲滅了陸渾戎。很少有人知道，這位能征善戰的將領之所以獲得了這次出戰機會，竟是源於當時晉國執政者韓起韓宣子的一場夢。一晚韓起夢見晉文公攜荀吳把陸渾之地送給他，他醒來

後認為這是晉文公的靈魂在和自己溝通，他必須遵從先君的旨意，於是便將兵權授予荀吳。

待荀吳勝利後，韓起還特意在晉文公的宗廟舉行獻俘典禮，作為對先君告諭的回應。晉文公死在西元前六二八年，韓起執政始於西元前五四一年，荀吳滅陸渾在西元前五二五年，前後相距一百多年。無論是韓起還是荀吳，都無緣見到晉文公。文公出現在韓起夢中大概因為他是一代明君霸主，是晉國幾代大臣崇拜的對象吧！

晉代的王敦深受君王寵愛，因軍功而拜南征大將軍。可他恃功專權，欲謀反叛。就在王敦發動兵變之前，他夢見一木直破青天。他將自己的夢告訴許遜，許遜說：「這不是好兆頭。」當時吳猛同許遜一起拜見王敦，也在座，吳猛便解釋說：「木上破天，是個『未』字。您切莫輕舉妄動呀！」可惜，王敦不聽二人勸阻，執意起兵造反，最終落了個病死兵敗的下場。

在動盪不安的歷史時期，軍事的成敗至關重要，人們都渴望能夠事先預測戰爭結果，久而久之就逐漸產生了「兵占書」。唐代的易靜撰有《兵要望江南》，這是一部以詞的形式寫成的兵占書，其中的《占夢望江南》五首透過對將軍之夢的占釋來預測戰爭的勝負：

將軍夢，天鼓大聲鳴。小鼓小鳴軍小勝，不鳴固守莫前征，勝負取其聲。

將軍夢，夢得夫魚形。若得小魚兵小勝，電光霹靂主軍驚，此象最為靈。

將軍夢，夢見汲波濤。忽與敵人相爭競，須採挑戰莫輕交，堅守我門橋。

將軍夢，天上作電鳴。破敵擒王看比兆，不拘月暗與陰晴，勇士向前征。

將軍夢，身涉大高山。遇戰必贏功顯著，相逢鬥敵急攻殘，莫放片時間。

第二節　夢幻泡影 —— 夢與宗教

在中國古代，對「宗」的解釋是「尊祖廟」、「觀乎天文以察時變示神事」，表現的是對神明、祖先的尊敬；「教」指教育、教化，側重對神道的信仰，比如「神道設教」。由此看來，宗教一詞至少體現了敬神明、教子弟的意思。現代意義上的宗教是人類社會發展到一定歷史階段出現的文化現象，是從神明信仰中引申出的一整套信仰認知及儀式活動。大部分的宗教還包含道德準則、神話著作，以及給予生命體驗的宗教實踐。

宗教常常會結合群體中原始的文化習慣和歷史傳說來發展，然而當我們把目光放在夢與宗教的關係上時，卻發現兩者的連繫要密切得多。下面讓我們從宗教的起源去探究夢與宗教的關係。

萬事皆有因 —— 夢與宗教的淵源

宗教的一大任務就是解釋靈魂的去向問題，原始宗教的基礎就是前文中提到的夢魂觀念，靈魂在夢體驗中得到證明。英國考古學家泰勒（Edward Burnett Tylor），在夢魂觀念上提出原始人在形成宗教前先有「萬物有靈」的概念，從而形成了自然崇拜、圖騰崇拜、祖先崇拜的信仰。從最開始，夢體驗就被當作某種佐證，出現在宗教體系內。夢與宗教的關係，也是夢文化的重要組成部分。

宗教的核心是教義，包括思想觀念和感情體驗。夢體驗作為一種主體心理體驗，其神祕性和普遍性恰恰符合宗教體驗的要求，所以在許多宗教中都將夢看作與神明交流的橋梁，從中得到指引，或者當作某種「神通」的證明，在佛教中就有許多與「外道婆羅門」在占夢方面的爭鬥故事。由此引申，我們可以看到宗教出於傳教的需求，往往會創造、改編出夢體驗，引發人們對教義的認同。

宗教離不開儀式，對夢而言，有祈夢、禳夢兩種，在《周禮》中就提到由占夢官主持的祈禳活動。祈取吉夢、禳除噩夢，希望神靈在現實中可以賜福免禍，不同宗教中對兩者的重視程度是不一樣的，這與宗教對夢的認知觀念有關。

夢文化與宗教相互碰撞造就了大量的文學作品，這部分內容會在後面的「夢與文學」中提到，我們關注的是其引發作者情

感共鳴進而產生創作衝動的原因。夢體驗與現實生活具有先天的對立性，無論是道教的神仙境界，還是佛教的西方極樂，都是透過對夢的肯定來實現對現實的否定；不是用虛幻的美好反襯現實社會的黑暗，就是用真假難辨的夢境來引導人們去除情欲、走向解脫。佛家就講：「一切有為法，如夢幻泡影，如露亦如電，應作如是觀。」

夢中行處一時休 ── 佛家的夢

佛教並不是中國土生土長的宗教，能夠傳入中國據說還與夢有關。據《後漢書・西域傳》和《牟子・理惑論》載，東漢明帝在永平八年時，夢見一個神人，身帶日光，通身金黃，飛到了宮殿前面，明帝看到後欣然喜悅。第二天明帝問群臣夢中之神是誰，傅毅說：「這是天竺的佛。」於是，明帝派使者前往西域抄佛經，並畫佛像廣布天下。

佛教中關於夢的起因有「四夢」、「五夢」之說。據《毘婆沙論》裡面記載，做夢有五種原因。一是他引，就是被其他事物或者別人所引導而做夢；二是曾更，就是以前自己經歷過的事情；三是當有，就是將來會發生的事情在夢中預先出現；四是分別，就是日有所思夜有所夢；五是諸病，就是我們的身體不適造成做夢。《法苑珠林》中則將夢分為「四大不和夢、先見夢、天人夢及想夢」。這兩種說法有互相重疊的部分，也符合前文中提到

的分類方式，將民間信仰和佛法結合在了一起。

　　佛教這套系統的夢說確定了夢體驗在佛教理論中的重要地位，夢體驗作為宗教體驗被歷代佛教人物用來傳法喻世，占夢理論被用來證佛法、驅外道。中國僧人教授佛法時喜歡運用寫夢的詩文，在《妙法蓮花經講經文》中就寫到：「寒更漏永睡綢繆，魂夢將心處處游。或見歡娛花樹下，或逢寂寞遠江頭。或歸鄉井心中喜，或夢他鄉客思憂。恰被曉鐘驚覺後，夢中行處一時休。」夢本虛幻，以夢喻世，則自然會生發人生虛幻的感悟，佛教正是透過信仰者的夢體驗來宣揚教義的。

　　佛家說：「諸喻之中，夢喻最切。如夢中所見山川人物，萬別千差，皆不離我能夢之心。」用夢喻來傳法，可以直抵人心。《金剛經》中著名的六如偈「夢、幻、泡、影、露、電」，將夢喻排在首位，乃是因為「皆自妄想而成，亦如夢境」，帶著種種妄想過日子，就和生活在夢中一樣。正是這種巧妙的比喻引導眾人頓悟，形成「夢悟」，使信仰者將主觀體驗和宗教教義結合起來，皈依佛門。

　　從佛教的夢說就可以看出，佛教是看重占夢的。在《隋書·經籍志》中就著錄了一卷《竭伽仙人占夢書》，可能是佛教或者婆羅門教的占夢書。在《雜寶藏經》和《不黎先泥十夢經》中分別記載了兩個故事，可以看作是佛教和婆羅門教透過占夢鬥爭的記錄。《藏經》故事比較簡單，故事中佛家的夢占一一應驗，

王最後皈依佛門，驅逐外道婆羅門遠離國境。

「十夢」故事講的是國王不黎先泥一夜做了十個夢，一夢見三支瓶，兩旁兩支滿瓶中的氣互相交往，卻不入中間的空瓶。二夢見馬口吃草，馬的肛門也吃草；三夢見小樹開花；四夢見小樹結果；等等。王醒來覺得這些都是不祥之夢，就召喚百官和教徒來解夢。一個婆羅門說，這些都是噩夢，如要禳解，只有把夫人、太子及侍人等都殺掉祭神。王聽了之後十分苦惱，將事情告訴了夫人，夫人於是向佛求助。

佛說：「十夢都是來世之事。三瓶之夢，象徵下一世的富貴者自相追隨，不親近窮人；食草之夢，象徵後世官吏盤剝百姓；小樹開花、結果，象徵來世的人貪淫多餘，不滿三十就生白髮，未滿十五就出嫁生子，不知羞恥……諸夢都與夫人、太子無關，不能妄加殺害。」王聽了之後，對佛萬分感謝，從此不再相信外道婆羅門。

這兩個故事反映了佛教在傳播過程中和其他教派的爭鬥，故事中的佛教弟子不止在占夢方面比婆羅門靈驗，而且教人慈悲、忌殺生，從神通和教義兩方面吸引世俗的王投入佛門。相比之下，佛教在中國的占夢故事更多地從因果報應的角度吸引信眾。

在《述異記》中，宋羅之妻病重難癒，但由於平時誦讀《法華經》，於是夢中見佛，手如席大，醒後病很快就好了。又說北

齊竟陵王崇佛禮僧，在身患熱病之時，夢見金佛「手灌神湯」而痊癒，這些故事都說明了信佛的好處。

　　佛家還借占夢來宣傳「轉世輪迴」。《春渚紀聞》記載了這樣一個故事。

　　湖州孫某在金兵入侵之前夢見一個僧人對他說：「你前世所殺的冤家報仇來了。你讓家人逃走，自己留下，若有人以刀破門而入，你先問他是不是燕山府李立，然後引頸受戮。他若不殺你，你們的冤仇就從此化解了。」事後果如僧人言。李立收刀嘆息，原來兩人都已誦讀《金剛經》多年，於是結為異姓兄弟，李立保得孫家平安。

　　和很多世俗團體一樣，佛教也記載了主要人物的誕生夢，其中最著名的就是佛祖釋迦牟尼的誕生夢。迦毗羅衛國的淨飯王和王后治國昌盛，但是多年無子。直到一晚，王后夢到一個人乘著六牙白象從左肋撲向懷中。淨飯王請來的占夢家說，王后即將懷孕，會生出一個聖人。孩子出生的那天，淨飯王正在朝中議事，忽然沉沉睡去。夢見一沙門長老遍體金光，手拿五色蓮花，將蓮花交予他，囑咐好生栽培。醒來就聽到孩子出生的消息，第二天他就給小太子取名喬達摩・悉達多（Siddhartha Gautama），這就是後來的釋迦牟尼。

黃粱猶未熟，一夢到華胥 —— 道家的夢

　　大部分時候，道家對人自然生發的夢是持消極態度的，這從道家對夢因的解釋就可以看出。道家認為做夢的原因是「夢妖」和「三屍」，其中「三屍」的形象更加具體和重要。「三屍」是居住在人體內的三條蟲。上屍名彭踞，在人頭中；中屍名彭躓，在人腹中；下屍名彭蹻，在人足中。上屍好寶物、中屍好五味、下屍好女色，三屍會使人做噩夢。

　　《夢三屍說》中談到，「三屍好惑人性，欲得早亡每至庚申日上讒於帝，請降禍於人，故人多夭枉禍厄」、「若忽夢起屋舍籬障者，是腹中屍蟲共相依止。若夢與女子交通者，其屍蟲會也」。在這裡「三屍」不只是做夢的原因，更是常人遭受禍厄、難以成仙入道的原因。於是就有了服丹藥、除三屍的做法。

　　「三屍」會在庚申日獻讒於天帝，道士就會在當日徹夜不眠，稱作「守庚申」。三屍將盡時往往也會有奇夢，《雲笈七籤》中講：「若服丹砂有動者，當夢大火燒其屋宇，諸服藥有應者，當夢父母喪亡、妻子被殺，或是姊妹兄弟之屬，或女人，或塚墓破壞，失去棺椁，及被五刑死者，此是屍蟲皆將消滅候。」有人還夢到「三人著古服立於堂閣，欲辭子，故來相告」。

　　一旦三屍除盡，便可以消除死籍，位列仙班，這裡體現了道家「真人無夢、至人無夢」的思想。「古之真人其寢無夢」，《莊子》、《列子》中都有這樣的說法，相關的內容在本書第一章就有

提到。然而，道教中的夢也有其積極的一面。「華胥夢」中的黃帝就在夢中來到道家的理想國度，得以進入道境。

道家陳摶老祖在《贈金勵睡詩》中寫道：「至人本無夢，其夢乃仙遊。真人本無睡，睡則浮雲煙。」至人、真人做的是遊仙之夢，歷史上有很多的遊仙詩，如陸游的《夢華山》。李白說過自己學道時夢中往往遊仙山。此外，道家的夢還包括天人感應和以夢悟道，這些夢不是每個人都能有的。總體上講，道家對夢的看法還是比較消極，這點從道家的夢咒裡就可以看得出來。

天神感應的夢觀對道教的發展有很大作用。歷史上皇帝們所做的許多奇夢就和道教有關係，其中最早的是漢桓帝「好老子之書，夜夢見老子，乃詔陳相為老子立祠」。當時道教尚在醞釀階段，張道陵已在西蜀創立道派，奉老子為教主。桓帝在宮中用郊天之樂祀老子，用的是祭天帝的最高規格，客觀上對道教的形成發揮了推動的作用。

老子姓李，李唐天子亦推崇道教。唐玄宗一生重道，令生徒學習《道德經》、《莊子》、《列子》等，並於天寶六年尊號老子「聖祖大道玄元皇帝」。《資治通鑑》記載，玄宗曾夢玄元皇帝，也就是老子，告訴他有畫像在京城西南，應派人尋找。後來果然找到一幅畫像，被玄宗迎至興慶宮。唐玄宗時期的道士地位很高，甚至公主都以當道士為榮，著名詩人賀知章也請旨為道士還鄉。

　　宋朝也是道教盛行的時代，宋真宗曾講過他在夢中見到趙姓祖先趙元朗，並把他奉為道教尊神。後來的徽宗依然對道教十分著迷，直到國破家亡時身上還穿著道袍。《續資治通鑑》記載：「帝常夢被召，如在藩邸時，見老子坐殿上，儀衛如王者，諭帝曰：『汝以宿命，當與吾教。』帝受命而出，夢覺記其事。」於是宋徽宗自稱是帝君下凡，要道教尊稱他為「教主道君皇帝」，同時掌握世俗王權和宗教領袖權。

　　或許因為和世俗權力的連繫更為緊密，道教的以夢造神範圍更廣，許多著名道士都有獨特的誕生夢。《玄妙內篇》講「玄妙玉女夢流星入口而娠」，講的就是老子由「玄妙玉女」夢感而生。老子的學生尹喜之母「夢天下絳霄，流繞其身」。東晉許遜為道教十二真仙之一，「其母夢鳳銜珠墜於掌上，玩兒吞之」，醒來就懷孕了。道教的以夢造神，有宗教的需求，也有政治的需求，政教互用，這一點是非常明顯的。

　　道教的夢還有一類是悟道之夢，神仙常常會用夢來啟示常人來放下世俗、入道修仙。「黃粱夢」就是這樣的故事，最早見於唐傳奇《枕中記》。小說中有兩個主要人物，一是「得神仙術，行邯鄲道中」的道士呂翁，另一個是自嘆窮困、鬱鬱不得志的儒士盧生。呂翁給了盧生一個枕頭，盧生便開始進入夢境。在夢中位及人臣，享盡榮華，直到遭人誣陷，被貶入獄，盧生才悠然醒來。人生如夢，同佛教相似，道教也是用夢境的虛幻

來否定現實，將夢體驗與宗教教義相結合。

　　到了元代，全真教受到尊崇。雜劇作家馬致遠按照《枕中記》的結構，創作了《黃粱夢》。故事的主角由盧生變為「八仙之一」的呂洞賓。劇中的呂洞賓一心求取功名，對鐘離權的點化不理不睬，直到黃粱一夢，體會到了功名利祿的苦難，才追隨鐘離權修道去了。這部作品有不短的篇幅用來描寫呂洞賓修道之後自由的生活，與夢中表面繁華的經歷有天壤之別。增加的這部分內容，實際上是道家從單純地否定現實生活，演變為宣傳入道修仙的好處，表現了道教在傳教方面的發展和變化。

第五章　夢入江南煙水路
　　　　　── 夢與文學、藝術

　　夢文化自人類文明產生之初就一直活躍在歷史舞臺上，夢是文學的觸媒，為文學插上了理想的翅膀。文學因夢而美麗，夢因文學而昇華。

　　夢是中國古代文學作品中的常客。古代文人特別善於透過夢象建構和夢境描寫來展示自己的理想世界，對夢的描繪與闡釋，構成了古代文學中一條非常獨特、美麗而又充滿深刻內涵的風景線。文人筆下的夢早已不單單是生理學名詞，它成功蛻變成了一個表達自我與心靈、潛意識與情感，乃至哲理思想的術語，文學作品中的夢透射出的，是文人的心態和情感。

第一節　大厲、蝴蝶與骷髏 —— 散文中的夢

　　追溯夢在中國古代文學中的開端，也許有人會提到甲骨卜辭、《詩經》、《周易》和《論語》，這些文獻中確實留有夢的痕跡，但它們都不能代表先秦時代「夢」在文學領域內的輝煌成就。真正可稱得上夢文學開端的文獻有兩部：一是《左傳》，二是《莊子》。

　　《左傳》作為一部史書，耐心地記載了春秋時代出現過的形形色色的夢，其中大量的夢境描寫筆力強健、富含深意。相對而言，《左傳》的記夢規模在古代史書中空前絕後；《莊子》作為道家學派的扛鼎之作，透過神祕詭譎的夢境描寫，首次為夢

賦予了深邃的哲學、美學和文學內涵，堪稱中國「夢文學」開山鼻祖。

敘妖夢以垂文 ── 《左傳》中的夢

《左傳》是中國古代第一部重要的史書，它著重記述了春秋時期各個封國的興衰榮辱和軍國大事，也集中展現了王侯、貴族、官僚以及社會名人的言行。《左傳》共記夢二十七條，做夢者包括諸侯公卿、將相臣僚、嬖人寵妾和販夫走卒，作者用了相當大的篇幅描繪那些稀奇古怪的夢境和神乎其神的占夢過程，將夢的發生與歷史的演變緊密連繫在一起。

《左傳》裡的夢幾乎全是預見性的。雖然這種預見性多數要靠史官或神巫來占斷，但當時的王侯將相還是相當虔誠地根據夢的預見來決定人事及指揮戰爭。全書所記之夢必有其驗，彷彿夢的吉凶應驗就是早注定了的，誰也無法抗拒。

《左傳》在描述這些夢象和占驗時，總是在神祕的外衣下隱匿著某種合理性。雖然這裡不乏以己之心揣度神靈的痕跡，但神的意圖卻在夢者的潛意識中顯示出一定的生活邏輯。當然，《左傳》作者還是受到了占夢迷信的強烈影響，這一點是必須承認的。《晉書·藝術列傳》序中曾評述說：「丘明首唱，敘妖夢以垂文。」

《左傳》中的夢在前文中多有提到，此處再來講兩齣頗有戲劇性的連環夢。

　　《左傳》哀公十六年，記載了衛莊公的夢引發的一場「蝴蝶效應」。

　　某一天，衛莊公蒯聵請人為自己占夢。可巧，他的寵臣這個時候正因為向太叔遺要酒不得而記恨他，就和占夢官勾結起來，對衛莊公說：「你有大臣在西南角上，不除掉他，怕有危害。」衛莊公不疑貳，按照占夢官所言驅逐了太叔遺，太叔逃亡晉國。

　　剛剛勾結孔悝趕走了自己兒子出公才登上王位的衛莊公本來就根基未穩，這一下更是大傷元氣。一年後，正是在晉國的介入下，莊公再一次被兒子趕下了臺，被迫流亡宋國。本來平靜的衛國政權連續三年兩場政變，從此陷入混亂之中，衛莊公和太叔遺之間由夢產生的矛盾幾乎摧毀了一個國家。

　　再次流亡前，衛莊公還做過一個關於復仇的夢，他夢見有一個人登上了昆吾觀，披著頭髮面向北方誦嘆：「登此昆吾之虛，綿綿生之瓜。余為渾良夫，叫天無辜。」此人正是助莊公登位的渾良夫。渾良夫身為功臣卻被莊公卸磨殺驢，不到一年就枉死在莊公太子手中。也許正是在他冤魂的影響下，莊公才沒能逃過下臺這一劫。

　　《左傳》成公十年記載了晉景公夢見厲鬼這件事。

　　一夜，睡夢中的晉景公突然「夢大厲被髮及地，搏膺而踊，曰：『殺余孫，不義。余得請於帝矣！』」「大厲」就是惡鬼，這個惡鬼披髮左衽，凶悍無比地出現在景公的夢中，叫嚷著要為

自己的孫子報仇。這個惡鬼是誰，他的孫子又是誰？他與晉景公之間又有怎樣的深仇大恨呢？

原來這個厲鬼正是晉文公時期的大功臣趙衰，他的孫子就是大名鼎鼎的「趙氏孤兒」的父親趙朔。趙朔病死後，晉景公忌憚趙家權勢，滅了趙氏滿門，僅留下趙朔的幼子、自己的親外甥趙武一人。正是這滅門之恨才引出了趙衰的亡靈。景公做此噩夢之後，心中充滿恐懼，不久病重。

晉景公就是做了「膏肓之夢」，最後一頭栽進糞坑摔死的那個人。有趣的是，為一己私欲就殺人無數的晉景公，在人生的最後階段，從夢見厲鬼到一頭摔死的整個死亡過程，竟都在夢中被直播了出來。

《左傳》中的夢擺脫了甲骨占夢卜辭中乾癟乏味的簡單主賓句模式，開始出現較為複雜的語法結構和相對豐富的詞彙。具有鮮明的主觀能動性的夢意象出現在《左傳》之中，這是夢文化發展史上跨出的一大步。《左傳》中擁有完整的故事情節、真實的環境氛圍和神祕莫測的預兆性的夢向世人表明，真正意義上的夢文學已經緩緩朝我們走來。

莊生曉夢迷蝴蝶 ── 《莊子》中的夢

在中國思想史和文學史上，《莊子》一直以其瑰麗的風格、神奇的想像、所承載的深刻哲學思想，為後人津津樂道。《莊

子》三十三篇中有十篇與夢相關，如此高的比例在先秦典籍中是獨一無二的。莊子首先提出了「真人無夢」的觀點，他獨具開創性的「蝴蝶夢」、「骷髏夢」等寓言都對中國古典哲學和文學的發展，產生了深遠的影響。

「蝴蝶夢」見於《莊子‧齊物論》。從前莊周夢見自己變成一隻翩翩飛舞的蝴蝶，遨遊各處悠然自在，根本不知道自己原來是莊周。忽然醒過來，自己分明是莊周。不知道是莊周做夢為蝴蝶呢，還是蝴蝶做夢化為莊周？

莊周和蝴蝶必然是有所分別的，但究竟是莊周夢還是蝴蝶夢，卻難以弄清。其實也不必弄清，因為莊周與蝴蝶都是非本質的現象，是相對的、是暫時的。真正永恆不變的絕對本質是道，道化為萬物。萬物都不過是道的幻象，就如同夢象中的莊周和蝴蝶一般。

「莊周夢蝶」的故事以夢境與現實或即或離的狀態，懷疑現實、人生，乃至人的主體存在性，其中所包含的「齊物」、「物化」等思想後來成為道家學派的中心內容。從《莊子》起，中國古代文學中形成了一種傳統，即所謂的「以夢境與實境的對比，來觀照現實社會的荒誕，透示人生自我的虛無，從而召喚精神幻想的永恆」。

「骷髏夢」見於《莊子‧至樂篇》。

有一次莊子到楚國去，路上看見一個骷髏，空枯成形，他

就用馬鞭敲敲骷髏，然後問道：「先生是因為貪生背理而死的，是因為國家敗亡，遭遇斧鉞的砍殺而死於戰亂的，是因為做了不善的行為，玷辱父母、羞見妻兒而自殺的，是因為凍餓之類的災患而致死的，還是年壽盡了而自然死亡的？」莊子問完後就枕著這個骷髏頭睡著了。

半夜，莊子夢見骷髏對他說：「你這人說話好像辯士。你要聽聽人死後的情形嗎？」莊子說好，骷髏就接著說：「死了以後上面沒有君主，下面沒有臣子，也沒有四季的冷凍熱晒。從容自得，與天地共長久，君王的快樂也不能勝於此呀！」莊子不相信，他說：「我讓掌管生命的神靈恢復你的形體，還給你骨肉肌膚，把你送回到父母妻子那裡，你願意嗎？」骷髏聽了，不情願地說：「我怎麼能拋棄君王般的快樂而回到人間去受苦呢？」

莊子用「骷髏夢」說明生者的累患與死者的至樂，表達了擺脫「貪生失理」、「亡國之事」、「斧鉞之誅」、「不善之行」、「凍餒之患」等生之累患，以擁有「無君無臣」、「無四時之苦」的「至樂」境界的願望。在對死的至樂的肯定中，莊子表現出明顯的生不如死的棄世思想。

如同「蝴蝶夢」一樣，莊子的「骷髏夢」也成為後世文人追逐、歌詠、抒寫的重要題材。漢魏六朝，許多人都寫過《骷髏賦》。生為勞役、死為休息，死乃歸於道、歸於自然之至樂的思想成為古時朝不保夕、憂生嗟患的文人們共同的慨嘆。

　　《莊子》中還有一些奇特的夢，其中所蘊含的哲理無一不是莊子著重闡釋的思想。比如，「神龜夢」批評的是「聰明反被聰明誤」的不明智，「鄭人託夢」寫出了對自以為是者的批判，「櫟社夢」則宣揚要以所謂「無用之用」來保全生命的觀點。

　　在中國的思想領域中，孔子及其儒家倫理早在漢武帝時期就已取得了天下獨尊的地位而得以普及推廣，成為士子們的行為規範。儒家所倡導的謹言慎行、中規中矩、仁愛孝悌等都是歷代儒生必須恪守的準則。

　　這時，「蝴蝶夢」的閒適和「骷髏夢」對於人生的透悟就成了撫慰士子浮躁心靈的一種寄託與聊以自嘲的工具。這種寄託與自嘲，是多數生活在儒家倫理重壓下的士子都曾有過的感傷。在後世諸多的文本中，都可以發現莊周這隻曼妙蝴蝶的身影，發現這種對人生終究一場幻夢的感傷。

　　更為重要的是，莊子美學對於世俗之累的厭惡和對於清靜自然的追求，深深地影響著後人所創作的夢文學。不管是「人生如夢」的喟嘆還是「黃粱」、「南柯」的無奈，都是莊子思想的一種延續。在消極的背後，莊子的夢實質上是對於人生的深層感悟和體驗，所蘊藏的是「小無換大有」的人生智慧，正所謂「退一步海闊天空」。

夜來攜手夢同遊 —— 漢代以後的夢與文

隨著占夢文化的下移，有關夢的描寫漸漸淡出史書，不過它們從未真正離開過。《三國志》中記載了趙直、周宣的占夢事跡，《晉書》中有關於索紞的描寫，《新唐書》中還繪聲繪色地講述了狄仁傑為武則天占鸚鵡折翼之夢的故事。

隨著文人著書規模的不斷擴大，很多文集中出現了文人自述的夢。中國古代著名的文藝理論家劉勰就頗愛記夢。在《文心雕龍・序志篇》中，他追憶了自己七歲與三十歲左右做的兩個夢。

「予生七齡，乃夢彩雲若錦，則攀而采之。齒在逾立，則嘗夜夢執丹漆之禮器，隨仲尼而南行。旦而寤，乃怡然而喜。大哉聖人之難見哉，乃小子之垂夢歟！自生人以來，未有如夫子者也。」

劉勰自小崇拜孔子，自言七歲時就夢見過「彩雲若錦」，而立之年夢見自己捧著典禮所用的丹漆禮器隨著孔聖人一路向南。他醒來後十分興奮，決心追隨聖人的足跡，「搦筆和墨，乃始論文」，《文心雕龍》由此應運而生。在崇尚玄虛與佛陀的南朝，劉勰遺世獨立，堅持著自己的聖人情懷，孔子曾慨嘆幾日不夢見周公便惶恐失落，劉勰對孔子也有同樣深刻的感情，他文章的主導思想始終沒有離開儒家的原道與憂患意識。

漢代以後，真正唱主角的夢文有兩類：一類是儒釋道三家

的博弈；一類是各種各樣名目繁多的解夢書。這些夢文前面已有介紹，此處不加贅述。

第二節　神女與鬼怪 —— 辭賦中的夢

對夢文學的發展而言，夢賦的出現是一件意義非凡的事。在辭賦文學中，不僅有「神女夢」等引起後人無限遐想的經典夢意象，還出現了中國文學史上第一篇以「夢」為題的文學作品。從兩漢開始，夢文學正式走上了歷史舞臺。

何神女之姣麗兮 —— 宋玉筆下的夢

宋玉是繼屈原之後楚辭創作的代表性作家。作為楚辭與漢賦之間的過渡人物，他以屈原的騷體為基礎開創了「賦」這種新體裁，創作了不少優秀的賦體作品。對於夢文學來說，宋玉更是一個值得記住的名字，他的《高唐賦》、《神女賦》以及其中「神女夢」的意象，堪稱夢文學史上一座重量級的里程碑。

在奉楚頃襄王之命所作的《高唐賦》和《神女賦》中，宋玉描述了兩段令人心馳神往而又惆悵不已的夢境，用錯彩鏤金的筆調刻畫了「巫山神女」充滿朦朧之美的夢意象，為中國文學史留下了第一位風流婉轉、婀娜動人的美人形象。

宋玉對這位美人的塑造是在《高唐賦》和《神女賦》兩篇中

完成的。這兩篇賦相對獨立，各自交代了一個完整的故事，可故事本身卻是緊密關聯的。楚頃襄王之父楚懷王因夢遇溫柔多情的神女而情不自禁，修建了巫山朝雲廟；數年之後，楚頃襄王來到這裡，遙望高唐而夢得美人。父子二人的豔遇實際就是「神女夢」的上下篇。

　　如果說《高唐賦》交代的是「神女夢」的故事梗概，那麼《神女賦》的貢獻就在於塑造出了一個活靈活現的美人形象；如果說《高唐賦》的巫山神女還只是一位「旦為朝雲，暮為行雨」的朦朧女子，那麼《神女賦》中的神女已然是一副曼妙無雙、令人炫目的清晰模樣。兩篇作品合力勾描了一個美麗的夢意象。

　　《高唐賦》中對「神女侍寢」的渲染在「自薦枕席」之處戛然而止，但在《神女賦》中，宋玉藉著楚頃襄王之口，對「只可遠瞻、不能近狎」的神女之美豔進行了不遺餘力的描摹：

　　曄兮如華，溫乎如瑩。五色並馳，不可殫形。詳而視之，奪人目精。其盛飾也，則羅紈綺績盛文章。極服妙采照四方。振繡衣，披袿裳。襛不短，纖不長。步裔裔兮曜殿堂。忽兮改容，婉若游龍乘雲翔。

　　這位如夢似幻的女子有著雨一樣靈動的容貌，雲一般綿軟的身姿。她的美眸炯炯動人、流轉有神，她的細眉如蠶蛾飛揚，她的紅唇似硃砂點過，她的身段妖嬈柔弱，她的神態嫻雅安適。她盛裝而來，光豔照人。她時而文靜端莊，時而婉轉起

舞。這樣一位絕美女性形象的出現，很大程度上反映了當時人們對女性審美的探索與追求。

相對於中原儒家的溫文爾雅，楚風要來得熱情奔放得多。宋玉筆下神女身上，處處散發著妖豔濃郁的楚風，她的香豔迷人與中原女子的溫柔敦厚形成了巨大的反差。《關雎》、《蒹葭》中的美人固然美，卻總像隔著一層不可踰越的屏障，可遇而不可求，可見而不可得。《高唐》、《神女》中的仙女最不同凡響之處就在於，她不僅高貴雅緻，還能在情投意合之時自薦於帝王，這一點滿足了無數人心中的幻想。

與先秦其他記夢文獻不同，宋玉的《高唐》、《神女》中的夢，只是對一種美好情愫的嚮往和表達，沒有占卜和迷信，沒有承擔政治教化的重任，唯有夢境本身呈現出的愉悅情感。

巫山神女的形象符合先人的審美觀念，她的出現為中國夢文學史帶來了第一縷綿豔之風。「神女夢」這個美麗的意象，後來成為中國傳統文化中描繪男女情誼的代名詞，寄託著人們對美好情感的期許與神往。

何妖孽之敢臻 —— 漢賦中的夢

作為一代文學的代表，漢賦在中國文學史上有舉足輕重的地位。在漢賦中，王延壽的《夢賦》翻開了夢文學的新篇章。

王延壽是一位命途多舛的文學天才，他是楚辭學家王逸之

子，少有雋才，曾周遊魯國，可惜年僅二十餘歲便溺死於湘水。這位早熟、早夭的彗星式人物，在辭賦史上留下了《魯靈光殿賦》、《夢賦》和《王孫賦》三篇傑作，為自己贏得了魏晉前十家「辭賦之英傑」中的殿軍地位。在《夢賦》中，王延壽顛覆了以往任何時候人們對夢所表現出的無條件順從，展現出前所未有的抗爭精神——

余夜寢息，乃有非恆之夢。其為夢也，悉睹鬼神之變怪，則蛇頭而四角，魚首而鳥身，三足而六眼，龍形而似人。群行而輩搖，忽來到吾前。申臂而舞手，意欲相引牽。

作品開宗明義，王延壽作此賦是因為對自己親身經歷的夢體驗的一種感悟。以自述的形式和第一人稱的視角來描寫夢，這在過去的文本中從未出現過，是夢文學發展過程中作家的一種創作自覺。儘管《夢賦》的文學價值難以與《高唐》、《神女》抗衡，但它的獨特意義就在於，其表露出來的文人對帶有個人強烈情感的文本之夢的創作自覺。

於是夢中驚怒，膈臆紛紜，曰：「吾含天地之純和，何妖孽之敢臻。」乃揮手振拳，雷發電舒。戰游光，軒猛跳。狒殺，斫鬼魑，捎魍魎，荊諸渠，撞縱目，打三頭……鬼驚魅怖，或盤跚而欲走，或拘攣而不能步，或中創而婉轉，或捧痛而號呼，奄霧消而光蔽，寂不知其何故，嗟妖邪之怪物，豈干真人之正度。耳聊嘈而外朗，忽屈申而覺寤。

　　在這篇作品當中，王延壽著力刻畫了一個激動人心的夢境──與鬼怪抗爭的夢境。他大聲斥責打擾他睡眠的夢中鬼怪，很嚴肅地宣稱「吾含天地之純和，何妖孽之敢臻」。這種對夢和鬼怪的態度，與先秦時代人們的誠惶誠恐，形成了鮮明的對比。

　　更為石破天驚的是，作者還在夢中與這些鬼怪大戰起來。賦中用一系列的三字短句將鬥爭的緊張氣氛渲染得動人心弦，讓人喘不過氣來。最後，這些曾被古人頂禮膜拜了千百年的夢中鬼怪，竟然不堪一擊，輕易淪落到「鬼驚魅怖，或盤跚而欲走，或拘攣而不能步，或中創而婉轉，或捧痛而號呼」的地步，只能落荒而逃。這段敘述如同好萊塢大片一樣，既緊張刺激，又酣暢淋漓。

　　相對夢意象刻畫細膩逼真，王延壽在此所表露出對人的主體力量的發現，更值得後人注意。眼前的這個夢意象對「夢」和「夢中鬼神」的態度，與此前的作品大相逕庭，《夢賦》對夢的態度既不是敬畏，也不是利用，而表現出了一種強有力的主體抗爭力量。

　　除了因擁有獨特的朗朗英氣，而使王延壽的《夢賦》在中國文學史上獨樹一幟外，它還是夢文學發展史上較早對夢象進行正面描寫的作品之一。《夢賦》清晰地記載了王延壽所做之夢的全程，從夢中鬼神的囂張氣焰到王延壽義正詞嚴的申斥，再到

忍無可忍對這些妖魔鬼怪的大打出手，最後是小鬼們的落荒而逃，這篇賦完整地記述了一個奇異詭譎的夢境，使後人讀時如臨其境、感同身受。

此外，漢賦中還有不少涉及夢或與夢相關的名作。漢武帝曾親自撰寫過《李夫人賦》，借助欲在夢中與李夫人相會而不可得的遭遇，抒發自己對這位寵妾的喜愛與懷念之情。司馬相如的《長門賦》、班固的《通幽賦》、張衡的《思玄賦》和《骷髏賦》等賦作也為夢文學的進一步發展和繁榮做出了自己的貢獻。

髣髴兮若輕雲之蔽月 ── 兩漢以後辭賦中的夢

漢代以後，夢賦的創作並沒有停下腳步。三國時期，魏國文學家曹植的《洛神賦》堪稱夢幻文學的典範之作。

唐代的李善在為《昭明文選》作注時，曾寫過一個關於曹植與嫂嫂甄后之間淒美的愛情故事。這個故事還有另外一個版本，是曹植自己寫在《洛神賦》開頭的。西元二二三年，政途失意的曹植離開洛陽回封地鄄城，途經洛水時忽然神思恍惚。彷彿間看見岩石旁站立著一個絕代佳人，她就是洛水女神宓妃。

他情悅心蕩，嘆無良媒，解玉珮以邀之。宓妃亦以瓊瑤相贈，互訴衷情。雖然最終不能結秦晉之好，但曹植心中永遠留下了這樣一個美好的倩影，他用絢爛無雙的文筆揮毫寫下了今天我們所看到的這篇《洛神賦》。

　　其實，不管曹植遇到的是甄后還是宓妃，都不能掩蓋《洛神賦》本身超拔脫俗的藝術價值。這篇賦以夢幻筆法敘寫了人神相戀的全過程：從江邊相遇到王孫贈玉，再到美人回贈、兩情相悅，最後終因人神道殊而含情痛別。其中，曹植傾己所能、以非凡的藝術創造力勾勒出了洛神最為綽約的風姿。

　　其形也，翩若驚鴻，婉若游龍，榮曜秋菊，華茂春松。髣髴兮若輕雲之蔽月，飄颻兮若流風之迴雪。遠而望之，皎若太陽升朝霞。迫而察之，灼若芙蕖出淥波。穠纖得衷，修短合度。肩若削成，腰如約素。延頸秀項，皓質呈露，芳澤無加，鉛華弗御。雲髻峩峩，修眉聯娟，丹唇外朗，皓齒內鮮。明眸善睞，靨輔承權，瓌姿豔逸，儀靜體閑。柔情綽態，媚於語言。奇服曠世，骨象應圖。披羅衣之璀粲兮，珥瑤碧之華琚。戴金翠之首飾，綴明珠以耀軀。踐遠遊之文履，曳霧綃之輕裾。微幽蘭之芳藹兮，步踟躕於山隅。於是忽焉縱體，以遨以嬉。左倚采旄，右蔭桂旗。攘皓腕於神滸兮，采湍瀨之玄芝。

　　「我」鍾情於神女的淑美，不覺心旌搖曳。可惜一時找不到良媒說親，只好解下「我」的玉珮寄情。神女有感於「我」的虔誠，盤桓在洛水邊與「我」互訴衷腸。

　　於是洛靈感焉，徙倚彷徨。神光離合，乍陰乍陽。竦輕軀以鶴立，若將飛而未翔。踐椒塗之郁烈，步蘅薄而流芳。超長吟以永慕兮，聲哀厲而彌長。爾乃眾靈雜遝，命儔嘯侶。或

戲清流，或翔神渚。或採明珠，或拾翠羽。從南湘之二妃，攜漢濱之遊女。嘆匏瓜之無匹兮，詠牽牛之獨處。揚輕袿之猗靡兮，翳修袖以延佇。休迅飛鳧，飄忽若神。凌波微步，羅襪生塵。動無常則，若危若安。進止難期，若往若還。轉眄流精，光潤玉顏。含辭未吐，氣若幽蘭。華容婀娜，令我忘餐。

然而，人神殊途，「我」與洛神終是有緣無分、結合無望，依依惜別更見淒豔哀傷，令人感嘆。《洛神賦》中這段淒美的愛情故事真摯無邪，浪漫苦澀。才高八鬥的曹植留下了中國文學史上最美的幻影之一。

唐代劉禹錫的《問大鈞賦》中說自己一再遭貶，久不得遇。不知道這是為什麼，只好齋戒問神。天神大鈞被劉禹錫的赤誠打動，他現身夢中，規勸劉禹錫要去智厚愚、剔剛納柔、勿存名腸、勿作壓人之勢。劉禹錫聽過天神的教誨後，感覺馳神清元，忙拜手稽首。這篇賦具有強烈的諷刺性，有針砭時弊的意味。

元代楊維禎的《方竹賦》是一篇詠物佳作。賦中寫他寓宿主人家時，見其庭中之竹外方中堅，扣之如石。他覺得方竹長得煞是奇怪，於是戲評這竹子是「才不適用，名浮其實」。當天晚上他就夢見一個玄叟，玄叟夢中抨擊世人「喜圓惡方」，暢述自己以不才為用的思想。楊維禎夢中醒來，悟方竹之方實乃「大圓」。這篇賦欲揚先抑，表達的是憤世嫉俗的心態。

此外，前人的「蝴蝶夢」、「骷髏夢」、「五色筆」等都成為後

世賦作常常引用的素材,「蝴蝶賦」、「骷髏賦」、「五色筆賦」等作品大量湧現、不絕如縷。

第三節　悲歡離合總是情 —— 詩詞中的夢

乃寢乃興,乃占我夢 ——《詩經》中的夢

　　《詩經》首篇《關雎》曰:「窈窕淑女,寤寐求之。求之不得,寤寐思服。」「寤寐思服」就是指人在夢境之中仍會思念,這類夢中思歸、夢中思婦的詩在後世極為常見。不過,《詩經》中還有一類夢詩很有時代特色,它就是「占夢詩」。《小雅・斯干》、《小雅・無羊》都是以占夢為題材的著名作品。

　　《小雅・無羊》描寫的是豐收場面,詩中「牧人乃夢:眾維魚矣,旐維旟矣。大人占之:眾維魚矣,實維豐年。旐維旟矣,室家溱溱」中,牧人因夢蝗蟲變成魚、龜蛇旗變成鳥隼旗,醒來後占得這是豐年和家室興旺之兆,體現了夢文化從神性到人性的轉移。而「魚」這一意象,也成為中國文學史上常見的母題。

　　《小雅・斯干》是一首周王室宮殿落成典禮上唱的歌,詩歌的後半部分描寫了喬遷新居的周貴族所做的好夢。

　　秩秩斯干,幽幽南山。如竹苞矣,如松茂矣。兄及弟矣,式相好矣,無相猶矣。

似續妣祖，築室百堵，西南其戶。爰居爰處，爰笑爰語。

約之閣閣，椓之橐橐。風雨攸除，鳥鼠攸去，君子攸芋。

如跂斯翼，如矢斯棘，如鳥斯革，如翬斯飛，君子攸躋。

殖殖其庭，有覺其楹。噲噲其正，噦噦其冥，君子攸寧。

下莞上簟，乃安斯寢。乃寢乃興，乃占我夢。吉夢維何？
維熊維羆，維虺維蛇。

大人占之：維熊維羆，男子之祥；維虺維蛇，女子之祥。

乃生男子，載寢之床。載衣之裳，載弄之璋。其泣喤喤，
朱芾斯皇，室家君王。

乃生女子，載寢之地。載衣之裼，載弄之瓦。無非無儀，
唯酒食是議，無父母詒罹。

「維熊維羆，維虺維蛇」，這裡熊、羆同義，虺、蛇同義，
原來主人家夢到的是熊羆和虺蛇這兩種動物。那這個夢能預示
什麼呢？它預示的就是這個家族定會多子多福，生下的男孩都
會成王成侯、富貴一生，生下的女孩也能溫柔賢淑、順遂終身。

《斯干》中的「熊羆夢」和「虺蛇夢」都象徵著生育後嗣，這
反映出中國古代一種非常重要的家族觀念——多子多福觀。
當自家雄偉壯麗的宮殿落成時，主人家最想聽到的祝福就是早
生貴子、多子多福，這樣家族的血脈才可以綿延不絕。香火不
斷、社稷永存是中國古人的永恆追求，熊羆夢作為最早的夢意
象，它的出現正說明了子嗣對於一個家族乃至整個國家的重要
意義。

　　「熊羆夢」自《小雅·斯干》起受到眾多文人的青眼看待。唐代劉禹錫有詩云「聞彼夢熊猶未兆，女中誰是衛夫人」、「倖免如新非分淺，祝君長吟夢熊詩」；宋代王安石也寫過「賢者宜有後，固當夢熊羆」。熊羆夢還經常出現在古人的書信中，曾國藩家書中常有「聞大弟將來有夢熊之喜，幸甚」、「溫弟妻妾，皆有夢熊之兆，足慰祖父母於九泉」之類的字句。

十年一覺揚州夢 ── 唐代詩詞中的夢

　　當魏晉南北朝亂世的硝煙漸漸散去，時間的車輪滾動到了隋唐兩宋這個文學發展蔚為大觀的時代。唐詩與宋詞，中國文學史上最璀璨的兩顆明珠開始閃耀。在這個時代裡，幾乎每一位詩人、詞人都曾寫過與夢相關的作品，利用夢的形式述說自己的心聲成了時代的新風尚。

　　李白的《夢遊天姥吟留別》演繹了盛唐的恢宏氣勢；杜甫的兩首「夢李白」將前輩詩人的一生寫盡，引人無限感慨；敏感多思的李商隱在夢裡品嚐著細膩含蓄的感傷；杜牧的「十年一覺揚州夢」在對那繁華溫柔鄉的無限懷念中，為唐盛世的終結做了最悲慟的注腳。

　　於是，後主淺唱著「夢裡不知身是客」走來，他點點血淚夢到的都是家國之痛；蘇軾輕唱著「人生如夢，一樽還酹江月」走來，抒發了「夜來幽夢忽還鄉」的悲哀；李易安低吟著「彷彿夢

魂歸帝所」姍姍走來，時代的悲劇讓大家閨秀「永夜懨懨歡意少，空夢長安，認取長安道」；最後，陸游來了，他高唱著「鐵馬冰河入夢來」，他念叨著「夢遊信腳到華胥」，然而就是這樣一位不忿的鬥士，也有「夢斷香消四十年」的苦楚悲哀。

在這裡，我們實在無法囊括唐宋兩代所有精湛的夢詩、夢詞，只好擇其中二三精華，略作介紹，區區管窺，豈能照一隅哉！

盛唐詩歌有一個代稱，那就是李白。沒有誰的詩比李白的詩，更能體現那個一切都被擴大了的時代的風采。充滿浪漫主義氣息的李白，創作了很多與夢相關的詩，「天長路遠魂飛苦，夢魂不到關山難」、「閒來垂釣碧溪上，忽復乘舟夢日邊」都是流傳千載的名句。在他的這些夢詩中，最著名的就是那首傳唱千古的《夢遊天姥吟留別》：

> 海客談瀛洲，煙濤微茫信難求。
> 越人語天姥，雲霞明滅或可睹。
> 天姥連天向天橫，勢拔五嶽掩赤城。
> 天臺一萬八千丈，對此欲倒東南傾。
> 我欲因之夢吳越，一夜飛度鏡湖月。

天寶三年，李白被唐玄宗賜金還鄉，這是他政治生涯中的一次重大挫折，與當初「仰天大笑出門去，我輩豈是蓬蒿人」的快樂歡欣形成了鮮明的比照。離京之後，他曾與杜甫、高適一

同到梁、宋、齊、魯等地遊歷，也曾在東魯朋友家中休養。這首詩就作於他離開東魯前往浙江遊歷之時。

　　詩中李白先借海上虛無縹緲的瀛洲，來烘托出雲霧籠罩下的天姥山的美景，眼前秀美的山川景色使得他萌生了探游的願望。於是「我欲因之夢吳越，一夜飛度鏡湖月」，一代詩仙進入了夢遊的境界。

> 湖月照我影，送我至剡溪。
> 謝公宿處今尚在，淥水蕩漾清猿啼。
> 腳著謝公屐，身登青雲梯。
> 半壁見海日，空中聞天雞。
> 千岩萬壑路不定，迷花倚石忽已暝。
> 熊咆龍吟殷岩泉，慄深林兮驚層巔。
> 雲青青兮欲雨，水澹澹兮生煙。
> 列缺霹靂，丘巒崩摧。
> 洞天石扇，訇然中開。
> 青冥浩蕩不見底，日月照耀金銀臺。
> 霓為衣兮風為馬，雲之君兮紛紛而來下。
> 虎鼓瑟兮鸞回車，仙之人兮列如麻。

　　夢裡的李白不僅深為這奇偉瑰麗的景色所著迷，他還欣喜地看到了「霓為衣兮風為馬，雲之君兮紛紛而來下。虎鼓瑟兮鸞回車，仙之人兮列如麻」這種眾仙相迎的盛大場面。官場上的失意帶給了恃才氣傲、自視甚高的「謫仙人」深深的痛苦，於是人

世間的不如意就被他置換成了夢中的春風自得。

　　不過，李白畢竟是李白，夢中短暫的虛擬繁華不能解決人世間的任何問題，於是「忽魂悸以魄動」，李白要回到現實之中來。

> 忽魂悸以魄動，恍驚起而長嗟。
>
> 惟覺時之枕席，失向來之煙霞。
>
> 世間行樂亦如此，古來萬事東流水。
>
> 別君去兮何時還？且放白鹿青崖間，須行即騎訪名山。
>
> 安能摧眉折腰事權貴，使我不得開心顏！

　　夢幻中的一切再榮耀、再美好，也都只是一場夢幻，夢中的五彩雲煙，雖然美麗，卻是注定要消散的。對李白來說，夢更多的是一種超越。借助夢的形式，他可以「一夜飛度鏡湖月」，他可以體驗到眾仙迎接的榮光；借助夢的形式，他可以隨意塑造出人世間所看不到的美景盛況，可以盡情地表達自己的喜怒哀樂。

　　然而，對李白來說，「夢」又不僅僅只是一個形式。他所要表達的並不是神奇、靈異的夢，他要做的是借助於夢這個載體，抒發自己欲圖傾吐的情懷。夢，在李白手中，已經演變為文人們能夠自由運用的一種形式載體了。

　　當李白落拓的身影慢慢遠去時，又一個落拓的身影慢慢朝我們走來。杜甫，一代詩聖，他攜著兩首《夢李白》而來。西元

七五八年，李白因加入永王李璘的幕府而被遠放夜郎，當時身在秦州的杜甫聽聞消息，憂心忡忡而作《夢李白》二首。這兩首詩中，現實主義的詩人將浪漫的夢演繹得淋漓盡致。

> 死別已吞聲，生別常惻惻。
> 江南瘴癘地，逐客無消息。
> 故人入我夢，明我長相憶。
> 君今在羅網，何以有羽翼？
> 恐非平生魂，路遠不可測。
> 魂來楓林青，魂返關塞黑。
> 落月滿屋梁，猶疑照顏色。
> 水深波浪闊，無使蛟龍得。

第一首中，杜甫表達了對李白境遇的深深憂慮，「江南瘴癘地」，你是否還安然無恙？我夢中的那個你該不會是你的魂魄吧？山高路遠，水深浪闊，你千萬要小心，不要在魂歸途中讓那蛟龍給傷害了呀！全詩從夢前寫到夢中，再到夢醒，恍恍惚惚，搖曳生姿。詩人將自己對李白的深情厚誼全部熔於在詩文中，爐火純青的詩筆下掩藏著無限的憂思。

> 浮雲終日行，遊子久不至。
> 三夜頻夢君，情親見君意。
> 告歸常局促，苦道來不易。
> 江湖多風波，舟楫恐失墜。

出門搔白首，若負平生志。
冠蓋滿京華，斯人獨憔悴。
孰雲網恢恢，將老身反累。
千秋萬歲名，寂寞身後事。

如果說在第一首詩中杜甫還只是憂慮，到了第二首詩，詩人已經滿腔憤慨。久久地期盼著你的歸來，然而等來的只是三場夢。江湖上難免風急浪險，真不知你的船能否平安無恙！你那平生大志，如今京城這群達官貴人還有幾個記得？可憐你「將老身反累」，那千秋萬歲的名聲也不過只是「寂寞身後事」罷了。

杜甫這兩首夢詩至真至誠，在悲懷李白身世的同時，也浸透了自己的無限苦痛。《詩論》中說：「真朋友必無假性情，通性情者詩也，詩至《夢李白》二首，真極矣！非子美不能作，非太白亦不能當也。」

在那個時代裡，還有一對詩人也曾如杜甫夢李白一般惦念著對方，他們就是元稹與白居易。元白二人生活在唐王朝的中後期，走下坡路的時代裡人們總難免懷才不遇，相交三十年的兩位詩人經常互贈詩篇以相互慰藉。

西元八一五年，白居易被貶江州，元稹寫《聞樂天授江州司馬》表達驚詫之情。白居易回了一首《夢微之》，借夢抒情：

晨起臨風一惆悵，通川溢水斷相聞。
不知憶我因何事，昨夜三更夢見君。

詩中白居易不寫自己苦思成夢，卻反過來問元稹何事掛念，惹得自己在夢裡看到他。詩意精巧，感情也十分動人。元稹收到後幾番感慨，又和了一首《酬樂天頻夢微之》：

山水萬重書斷絕，念君憐我夢相聞。
我今因病魂顛倒，唯夢閒人不夢君。

白居易借夢寫思念的淒苦，元稹卻偏要反其道而行之，偏偏寫自己夢不到對方，夢到的都是些不相干的東西，這種想夢而不得更添一點淒苦。夢在這裡成了元白二人傳達感情、交流心靈的媒介。

事實上，除了與元稹的和詩外，白居易自己也不乏關於夢的佳句。他兩首曠世名作《琵琶行》和《長恨歌》中都有關於夢的情節。如果說《琵琶行》中天涯歌女的「夜來忽夢少年事，夢啼妝淚紅闌干」還只是小試牛刀，在《長恨歌》中白居易為唐玄宗和楊玉環安排的那場劫後重逢的大夢真可謂是用心良苦。

當馬嵬坡下泥土中再也看不到當年的玉顏時，暮年的唐玄宗從遙遠的蜀地回到了長安城。「歸來池苑皆依舊，太液芙蓉未央柳」，可是當年的美人卻已經香消玉殞，這讓年邁的帝王如何能不痛摧心肝？

夕殿螢飛思悄然，孤燈挑盡未成眠。
遲遲鐘鼓初長夜，耿耿星河欲曙天。
鴛鴦瓦冷霜華重，翡翠衾寒誰與共。

悠悠生死別經年，魂魄不曾來入夢。

於是玄宗開始在夢中找尋楊太真的身影，「上窮碧落下黃泉，兩處茫茫皆不見。忽聞海上有仙山，山在虛無縹渺間」，原來太真竟在那蒼茫雲海的仙山之上。

聞道漢家天子使，九華帳裡夢魂驚。
攬衣推枕起徘徊，珠箔銀屏迤邐開。
雲鬢半偏新睡覺，花冠不整下堂來。

聽聞玄宗到訪，九華帳裡的楊太真竟從夢中驚醒，這正是白居易造夢最精彩之處。玄宗的相思之夢套著楊玉環的驚夢，天上人間的有情人終於在彼此的夢裡再見。可憐這對「在天願作比翼鳥，在地願為連理枝」的愛侶只能相約那「七月七日長生殿」的「夜半無人」時分。

相比白居易，比他更晚的詩人李商隱的夢詩就要更加敏感淒苦一些。李商隱堪稱晚唐詩人中的魁首，但他一生坎坷，幼年喪父、中年喪妻、羸弱多病、壯年早逝。小李共存詩六百餘首，其中涉夢的近八十首，是《全唐詩》所收詩人中涉夢作品最多的一位。

如果說迎娶王茂元的女兒是李商隱政治苦悶的開始，那難得的琴瑟和諧、舉案齊眉就是對他最好的慰藉。可惜好景不長，王氏很快因病過世。對妻子的無限思念讓李商隱寫了很多悼亡詩，其中有一首涉夢悼亡詩別有一番味道，那就是《悼傷後

赴東蜀辟至散關遇雪》：

> 劍外從軍遠，無家與寄衣。散關三尺雪，回夢舊鴛機。

用無人寄寒衣這樣的細節，來寄託自己的深切情感本是李商隱所長，讀來已經讓人感到愴然。但李商隱沒有停在這裡，他接下來筆鋒一轉，由眼前漫天飛舞著的大雪直接切入夢境。在那個恬靜的夢中，妻子王氏正坐在鴛鴦織機前為自己織製成衣。這首五絕中，前兩句的嚴寒與後兩句的溫暖形成了鮮明的對比，使寒者更寒，兩者所產生的強烈張力讓人唏噓不已。

在李商隱諸多的夢詩中，都能感受到一種敏感、細膩的情愫。在這份細膩的深處，是與晚唐帝國日益走向滅亡的趨勢相呼應的感傷。「遠路應悲春晼晚，殘宵猶得夢依稀」、「夢為遠別啼難喚，書被催成墨未濃」，都是瀰漫著曲終人散氣氛的隱隱悲歌。

李商隱還廣泛借用前代文人所創造的經典夢意象，把它們化入自己的詩作中，水乳交融、渾然一體。「一自高唐賦成後，楚天雲雨盡堪疑」、「別館覺來雲雨夢，後門歸去蕙蘭叢」，還有那最攝人心魄的「莊生曉夢迷蝴蝶，望帝春心託杜鵑」，在李商隱筆下這些古老的意象脫胎換骨、大放異彩。

當晚唐詩歌的餘韻慢慢褪去了光彩，文學來到了更加柔情的時代，詞這種充滿感情的文學樣式開始主導文壇。「花落子規啼，綠窗殘夢迷」、「相憶夢難成，背窗燈半明」、「碧天雲，無

定處，空有夢魂來去」、「細雨夢迴雞塞遠，小樓吹徹玉笙寒」，各式各樣的夢融化在一首首纏綿悱惻的詞令之中，句句驚心、篇篇動人。

南唐後主李煜是一個永恆的悲劇話題，降宋後的後主詞中有很多個夢出現，身陷囹圄的李煜總是試著在他的夢裡找尋過往的幸福，然而夢裡那些往事，一樁樁一件件，哪堪回首！

多少恨，昨夜夢魂中。還似舊時游上苑，車如流水馬如龍，花月正春風。

李煜詞筆揮灑自如，寥寥五句寫盡人間悲劇，昔日的繁華彷彿還在眼前，今朝的淒涼哪裡能夠抵擋？李煜以「多少恨」起筆，驚悚淒厲。原來這強烈的悲恨都源於昨夜那一場舊夢重溫，昔日的鼎盛之世在夢中重現，使夢醒後的詞人倍感痛苦。

別來春半，觸目柔腸斷。砌下落梅如雪亂，拂了一身還滿。
雁來音信無憑，路遙歸夢難成。離恨恰如春草，更行更遠還生。

據說投降後的李煜離開金陵城時，教坊猶奏離別歌來送他。可如今已是家破人亡，那金陵城的歸路連夢裡已難尋覓。詞人將歸鄉的希望比喻成夢一般縹緲，深寓世事如夢的感慨。夢的飄忽與詞人的飄零命運合而為一，在此時達到了一種絕美的境界。

　　簾外雨潺潺，春意闌珊，羅衾不耐五更寒。夢裡不知身是客，一晌貪歡。

　　獨自莫憑欄，無限江山，別時容易見時難。流水落花春去也，天上人間。

　　簾外雨，五更寒，是夢後事；忘卻身分，一晌貪歡，是夢中事。潺潺春雨與陣陣春寒驚醒了詞人的殘夢，夢裡的一時溫暖頓成泡影，真實人生中的淒涼景況才是避無可避的現實。夢裡夢後，不過是再一次的今昔對比。夢中的樂景與現實的哀況之間的矛盾一次次敲打著詞人脆弱敏感的內心，往事不堪回首，今朝更感淒涼。

夜來幽夢忽還鄉 —— 宋代詩詞中的夢

　　夢實在是詞中佳品，彷彿一切的情感、一切的悲哀都可以用夢中意象來宣洩。今天，我們翻開《全宋詞》，可以從很多作品裡找到夢的痕跡，這個時代的文學，注定要由夢來書寫濃墨重彩的一筆。

　　北宋初年，有一對父子很擅長小令，他們筆下都有不少婉轉動人的夢境。只是相比而言，父親筆下的夢更閒適一些，兒子筆下的夢更淒婉一些。

　　小徑紅稀，芳郊綠遍，高臺樹色陰陰見。春風不解禁楊花，濛濛亂撲行人面。

翠葉藏鶯，朱簾隔燕，爐香靜逐游絲轉。一場愁夢酒醒時，斜陽卻照深深院。

以上一首《踏莎行》是暮春閒愁的千載名篇。其作者晏殊，北宋仁宗時期的太平宰相。他少年成名，一生仕途平順。他的詞如他的人一般風流蘊藉，溫柔嫻靜，在北宋初年的詞壇堪稱最佳。作為第一個標準的士大夫詞人，晏殊最擅寫閒愁。縱觀兩宋三百年，沒有誰筆下的閒愁能在晏殊之上。無疑，他的「閒夢」也是最道地的。

《踏莎行》中詞人午間小飲，酒睏則睡。等到一覺醒來，已是日暮時分，夕陽照進深深的朱門院落。晏殊的「愁夢」裡依舊是小徑紅稀、翠葉藏鶯，閒適的詞人做著閒適的春夢，夢中有的也不過是淡淡的閒愁。全詞除「一場愁夢酒醒時」外，句句寫景，景中寓情，不露痕跡，實在是纏綿含蓄的佳作。

晏殊的小兒子晏幾道就沒有他父親那般閒適了。晏殊晚年得子，晏幾道出生時晏殊已經離去世不遠了。標準的「官二代」晏幾道幾乎沒過一天閒適日子，晏家就在他的手上敗落了。不過，苦日子擋不住風流的公子哥，晏幾道詞作之多情婉轉猶在他父親之上。

夢後樓臺高鎖，酒醒簾幕低垂。去年春恨卻來時，落花人獨立，微雨燕雙飛。

記得小蘋初見，兩重心字羅衣。琵琶弦上說相思，當時明月在，曾照彩雲歸。

　　這首《臨江仙》是小晏數一數二的好詞，寫的是他對歌女小蘋的懷念之情。詞中劈空而起，直寫夢醒時分簾幕低垂、人去樓空，深感孤寂困鎖。去年春天離別的愁恨恰在此時滋生，凋殘的百花裡詞人獨自凝立，點點細雨中燕子雙雙飛去。不覺想起當年，初見小蘋時那份繾綣纏綿，可憐往日的溫存如今只剩片片回憶。

　　小令尊前見玉簫。銀燈一曲太妖嬈。歌中醉倒誰能恨，唱罷歸來酒未消。
　　春悄悄，夜迢迢。碧雲天共楚宮遙。夢魂慣得無拘檢，又踏楊花過謝橋。

　　《鷓鴣天》一詞上片寫昔日相聚，「銀燈一曲太妖嬈」，詞人的任情與率真在酒桌上揮灑開來。下片起筆春日寂寥，愁來夜長，可憐美好的東西總是那麼可望而不可即，「碧雲天共楚宮遙」，人生總有太多的約束、太多的無奈，也許只有潛意識裡的夢魂才最是無拘無束。你看，就在此夜，它又踏著那滿地的柳絮飄過謝橋，尋訪故人去了。

　　彩袖殷勤捧玉鐘，當年拚卻醉顏紅。舞低楊柳樓心月，歌盡桃花扇底風。
　　從別後，憶相逢，幾回魂夢與君同。今宵剩把銀釭照，猶恐相逢是夢中。

　　當年郎情妾意，「彩袖殷勤」；別後天各一方，不知所終。

正因思念至極，數次夢裡相見才讓「我」感到一絲絲歡愉。可如今真個見了面，反倒是不敢相信，還生恐是在夢中，忍不住舉起殘燈來看個分明。詞人用意紆徐，將無限的相思寄予春夢，夢中的情人反而成了更真實的意象。小晏真是名副其實的多情種子，他筆下的夢無不充滿濃厚悲傷的愛情味道。

兩宋最出色的文學家蘇軾一生撰寫了大量的詞作，其中與夢有關的大約有七十首。在這些作品當中，他借由夢超越時空的特性，讓自己飄蕩的心靈在夢境中返歸鄉土、得以撫慰。

十年生死兩茫茫，不思量，自難忘。千里孤墳，無處話淒涼。縱使相逢應不識，塵滿面，鬢如霜。夜來幽夢忽還鄉，小軒窗，正梳妝。相顧無言，唯有淚千行。料得年年斷腸處，明月夜，短松岡。

這是中國文學史上最有名的一首悼亡詞，西元一〇七五年正月二十晚上，四十歲的詞人做了一個歸鄉之夢，他夢見了自己年輕貌美、風姿綽約的妻子正臨窗梳妝，此時生死相隔已十載的夫妻相望，不禁無限感傷，默默無言已是淚千行。此夢此情，怎不叫人肝腸寸斷，心神俱碎？

除了這首《江城子》，蘇軾的很多詞作中都有關於「人生如夢」的喟嘆。《永遇樂》中的「古今如夢，何曾夢覺，但有舊歡新怨」，《西江月》中的「世事一場大夢，人生幾度新涼」，《醉蓬萊》中的「笑勞生一夢，羈旅三年，又還重九」，《南鄉子》中的「萬事到頭

都是夢，休休，明日黃花蝶也愁」，都是字字錐心的深沉嘆息。

　　蘇軾一方面用夢的惆悵短暫，來抒發自己在政治上的苦悶和對人生的感悟；另一方面，他也借夢的神奇絢爛來勉勵自己，縱使再苦痛、再短暫，也要努力創造多彩的人生，盡可能地實現自己偉大的人生抱負。

　　唐宋兩代夢詩寫得最多的是南宋詩人陸游，在陸游八十五卷的《劍南詩稿》中，僅題目標明記夢的就有一百六十首，其中大部分都是反映他的愛國情懷的。

　　僵臥孤村不自哀，尚思為國戍輪臺。
　　夜闌臥聽風吹雨，鐵馬冰河入夢來。

　　《十一月四日風雨大作》之二中，陸游為我們描繪了一幅金戈鐵馬踏破冰河殘雪收復失地的軍旅畫卷。詩人不論身在何方，永遠忘不了的是「為國戍輪臺」。大風大雨讓詩人的心跟著動了起來，睡夢之中詩人豪情萬丈，一改乾坤的壯志凌雲而出。在陸游絕大多數的夢詩中，「收復中原」的夢想是它們永恆的指向。

　　一夢邯鄲亦壯哉！沙堤金轡絡龍媒。
　　兩行畫戟森朱戶，十丈平橋夾綠槐。
　　東閣群英鳴佩集，北庭大戰捷旗來。
　　太平事業方施設，誰遣晨雞苦喚回？

　　不過，不論多麼剛強的人都難免柔腸寸斷之時，陸游一生有一位念念不忘的情人，就是他的表妹、第一任妻子唐婉。年

少時的情深義重換不來終身的廝守，一世的相思之苦纏繞在陸游與唐婉的心中。離異數年後，兩人在沈園偶遇，留下了那兩首最感人不過的《釵頭鳳》。豈料這竟成了唐婉的催命符，不久紅顏早逝。陸游寫下「只有夢魂能相遇，堪嗟夢不由人做」、「夢斷香消四十年，沈園柳老不吹綿」等詩句來祭奠自己的愛人。

八十五歲那年春天，也就是他生命中的最後一個春天，耄耋之年的陸游在兒孫的攙扶下最後一次來到沈園，滿懷深情地寫下了最後一首沈園詩：

> 沈家園裡花如錦，半是當年識放翁。
> 也信美人終作土，不堪幽夢太匆匆。

第四節　黃粱、麗娘與紅樓 —— 戲曲、小說中的夢

一枕黃粱付春夢 —— 元朝前戲曲、小說中的夢

魏晉南北朝時期志怪小說流行，干寶的《搜神記》、劉義慶的《幽明錄》、《冥樣記》、《神異記》等書中都收集或杜撰了不少關於夢的故事。到了唐代，唐傳奇的出現給傳奇的夢提供了更為廣闊的發展空間，「黃粱夢」和「南柯夢」都出自於唐傳奇。

沈既濟的《枕中記》講述了「黃粱夢」這個故事。

　　唐開元七年，貧困而熱衷功名的盧生騎著青駒、穿著短衣赴京趕考，可惜名落孫山，歸途中他在邯鄲道上的一家客棧遇見了得道成仙的道士呂翁。盧生在一旁自嘆貧苦，呂翁聽到後拿出一個瓷枕頭讓盧生枕著睡覺。

　　盧生依言倚枕而臥，一入夢鄉便娶了清河崔氏溫柔美麗的女兒為妻，接下來他中進士，升監察御史、陝州牧、京兆尹，從此宦海沉浮數十年。也曾出將入相，率軍大破戎虜，斬殺七千首級，拓展疆土九百平方里，一時風光無限；也曾遭人嫉恨、被人誣陷、鋃鐺入獄、流放千里。最終他還是化險為夷，封燕國公。他與崔氏的五個孩子都是高官厚祿，嫁娶高門。盧生兒孫滿堂，享盡榮華富貴，在八十歲上因久病不癒而亡。

　　將斷氣時，盧生一驚而醒，轉身一看，一切如故，呂翁仍坐在身旁，店主人蒸的黃粱飯都還沒熟！他不禁感慨「寵辱之道，窮達之運，得喪之理，死生之情，盡知之矣」！這樣一場大夢，店家的黃粱米飯還沒有蒸熟，盧生卻已在夢裡度過了數十個春秋，經歷了人生的百般榮辱，不由得讓人感慨「世事一場大夢」！「黃粱夢」的故事也就由此流傳開來。

　　李公佐《南柯太守傳》中的「南柯一夢」與「黃粱夢」的故事如出一轍，利用「枕上片時春夢中，行盡江南數千里」的時空特點表現夢裡人生的虛幻，明代戲曲家湯顯祖還曾將其改編成了「臨川四夢」之一的《南柯記》。

「南柯夢」的男主角淳于棼，曾因武藝超群而任淮南軍裨將，後因貪戀喝酒而失主帥之心，棄官還鄉。

淳于棼的家宅中有一株古槐，一天他醉臥在堂前的東廊下。忽然聽到有人喚他，原來是槐安國的使者要迎他去做駙馬，到了槐安後他便做了南柯太守。太守任上二十餘年，他兢兢業業，施仁政行教化，興利除弊，將南柯郡治理成風調雨順之地，呈現一派國泰民安的盛景。

後來，他進京任左丞相。公主亡故後他深為右丞相嫉妒，屢遭讒言。再加之他自恃駙馬身分和治郡盛名，不再克己復禮，變得放縱無度，終至被遣歸家。淳于棼在悲傷中醒來，原來一切不過是一場白日夢，惆悵中他在身旁的古槐下發現一個巨大的蟻穴，穴外蟻屍遍地，才恍悟「槐安國」的來歷。最終淳于棼幡然醒悟「萬象皆空」之理，他超度眾蟻後立地成佛。

良辰美景奈何天 —— 元明戲曲中的夢

關漢卿是元大都人，他「生而倜儻，博學能文，滑稽多智，蘊藉風流，為一時之冠」，可惜生在元代，始終沉淪下僚。他一生創作雜劇達六十餘種，他將夢引入戲劇創作的領域中，《蝴蝶夢》、《西蜀夢》等都是借夢表意的佳作。

《西蜀夢》全名《關張雙赴西蜀夢》，又稱《雙赴夢》，講的是三國時期劉關張三兄弟的故事。

　　大哥劉備在西蜀稱帝后，甚為思念自己的結義兄弟關羽和張飛。軍師諸葛亮夜觀天象，見賊星耀眼、將星黯淡，知曉關、張二人已死，他不敢將此消息告知劉備。某一日，關羽、張飛的陰魂相遇，一齊來到劉備的夢中，請自己的哥哥為自己復仇。

　　關漢卿的立身之作《竇娥冤》中也有一段託夢復仇的故事。竇娥被張驢兒誣陷、又遭貪官威脅，終於含冤被斬，臨死前她許下三樁誓願──血濺白綾、六月飄雪、大旱三年，三願一一應驗。三年後竇娥的父親竇天章科舉得中，回到楚州任廉訪使，夜夢自己女兒的鬼魂來找自己申冤。於是竇天章重審此案，為竇娥洗刷了冤屈。

　　託夢情節在《竇娥冤》中有關鍵的作用，借助夢這個媒介，死去的竇娥才得以與做了官的父親相見，向父親陳述自己的冤情，竇天章才得以繼續追查下去，為自己的女兒報仇。這個夢連接了作品前後部分，將父、女兩條線索融會在一起，推動故事向前發展。

　　明代中葉，戲曲家湯顯祖以他苦心孤詣改編、創作的「臨川四夢」將夢文學推向巔峰，夢境在文學作品中展現出了更加絢麗的風姿。在《牡丹亭》的題序中，湯顯祖寫道：「情不知所起，一往而深，生者可以死，死可以生。生而不可與死，死而不可復生者，皆非情之至也。夢中之情，何必非真，天下豈少夢中

之人耶？」這段話不正是道出了情與夢的真諦嗎？

　　《牡丹亭》是「臨川四夢」中最情意綿綿的一場夢，是有明一代戲曲文學的魁首，在中國古典四大戲劇中占有一席之地。劇本開場就以「柳生夢梅」為楔子，年輕的書生柳夢梅一夜忽夢花園的梅樹下立著一位佳人，說同他有姻緣之分，從此便經常思念她。

　　南安太守杜寶之女杜麗娘才貌端妍，跟隨迂腐的陳最良讀書。她由《詩經‧關雎》而傷春，花園中尋春歸來便有了那一夜的「驚夢」。「遊園驚夢」是全劇情節中舉足輕重的一環，在這場夢中，杜麗娘第一次見到了柳夢梅，這個書生持著半枝垂柳前來求愛，使杜麗娘身上原本潛藏著的少女情思一下子變得炙熱起來。這一場牡丹亭畔的幽會是杜麗娘日後尋夢而死、為愛還魂等離奇情節的前提，有了堅實的情感依託，她後來的叛逆行為才顯得合情合理。

　　為夢所困的杜麗娘來到花園中「尋夢」，她自然找不到夢裡歡娛，只能落得個形單影隻，滿園的牡丹、芍藥也不似夢中那般嫵媚嬌人。「忽然大梅樹一株，梅子磊磊可愛」，她不由得感慨：「這梅樹依依可人，我杜麗娘若死後，得葬於此，幸矣。」此時的杜麗娘已經為自己尋定了死後的歸宿，梅樹下的佳人暗合「柳生夢梅」的情節。最終，「尋夢」不得的杜麗娘鬱鬱而終，葬身梅樹之下。她的死不是結局，恰恰是為下一步的抗爭拉開的序幕。

在《牡丹亭》中，杜麗娘因情感夢、因夢而亡，「情夢」是杜麗娘實現愛情理想的方式。夢可以將原本對立矛盾的現實與夢幻、生與死奇特地結合在一起，在杜麗娘情感、意志的支配下，現實與夢幻、生與死之間的界限泯滅無存，它們結成了一個和諧的統一體──統一於杜麗娘生生死死的情愛追求之中。

紅樓夢斷曉鶯啼 ── 明清小說中的夢

小說家是最擅長講故事的一群人，夢在他們眼中就是最恰當的故事載體之一。明清兩代，小說逐漸接管了中國文壇的領導角色，眾多與夢相關的小說作品的出現，進一步促進了夢文學的發展。四大名著中的《三國演義》、《水滸傳》、《紅樓夢》和經典小說《聊齋志異》、《三言二拍》中，都有不少夢的故事。

在中國文學史上，蒲松齡的《聊齋志異》絕對算得上一部特立獨行的作品，是古代短篇小說的巔峰之作。全書共四百九十一篇小說，其中七十餘篇與夢相關，內容涉及社會生活的種種醜象和個人情感的方方面面，是文學史上夢境描寫最為集中的作品之一。《續黃粱》、《鳳陽士人》、《蓮花公主》、《夢狼》、《王子安》等數篇作品均是夢象懸疑複雜，多有可圈可點之處。

《夢狼》記述白翁長子名甲，在外為官兩年毫無音信。一日白翁夢中與友人來到「公子衙署」。「窺其門，見一巨狼當道」，

「入其門，見堂上堂下坐者、臥者，皆狼也」，又看見臺階上白骨如山。準備吃飯時一巨狼銜死人入廚烹之。後來兩名金甲猛士來逮捕甲，「甲僕地化為虎，牙齒巉巉」。蒲松齡精心設計了這樣一個故事，借此諷刺那些如狼似虎的貪官汙吏。

　　曹雪芹的《紅樓夢》在夢文學史上是當之無愧的巔峰之作。全書一百二十回中共描寫了三十多個夢，這些夢有長有短，長的幾乎占據一整回的篇幅，短的則是寥寥數語，僅幾十個字便述說清楚。《脂硯齋本紅樓夢》中曾評述道：「一部大書，起是夢，寶玉情是夢，賈瑞淫又是夢，秦之家計長策又是夢，今作詩也是夢，一併風月鑒，亦從夢中所有，故紅樓，夢也。」

　　清人王希廉的《紅樓夢總評》中也有一段價值很高的點評：

　　《紅樓夢》也是說夢，而立意作法，另開生面。前後兩大夢，皆游太虛幻境，而一是真夢，雖閱冊聽歌，茫然不解；一是神遊，因緣定數，了然記得。且有甄士隱夢得一半幻境，絳藝軒夢語含糊，甄寶玉一夢而頓改前非，林黛玉一夢而情痴愈錮。又有柳湘蓮夢醒出家，香菱夢裡作詩，寶玉夢與甄寶玉相合，妙玉走魔噩夢，小紅私情痴夢，尤二姐夢妹勸斬妒婦，王鳳姐夢人強奪錦匹，寶玉夢至陰司，襲人夢見寶玉，秦氏、元妃等託夢，寶玉想夢無夢等事，穿插其中。與別部小說傳奇說夢不同，文人心思，不可思議。

　　《紅樓夢》中的夢有相當一部分具有鮮明的兆示作用：作品

中第一個夢「甄士隱夢幻識通靈」中，曹雪芹直接交代了寶黛二人的前世情緣，預示了這段「木石之緣」的總體走向。當然，全書最具有兆示性的夢當屬第五回「賈寶玉神遊太虛境，警幻仙姑曲演紅樓夢」。這一場夢中，全書的情節發展脈絡和主要人物命運就在那一首首判詞中掩映生成。

喜榮華正好，恨無常又到。眼睜睜、把萬事全拋。蕩悠悠、把芳魂消耗。望家鄉，路遠山高。故向爹娘夢裡相尋告：兒命已入黃泉，天倫呵，須要退步抽身早！承載著家族命運的皇妃元春在判詞中託夢告爹媽，榮華難擋恨無常，須要退步早抽身！

「一個是閬苑仙葩，一個是美玉無瑕。若說有奇緣，如何心事終虛化」，轟轟烈烈的寶黛愛情最終定將以悲劇收場，然而「縱然是齊眉舉案，到底意難平」，那「山中高士晶瑩雪」也只能獨坐空閨夢裡人。

在第十三回中秦可卿託夢王熙鳳，秦氏說道：「嬸娘，你是個脂粉隊裡的英雄，連那些束帶頂冠的男子也不能過你，你如何連兩句俗語也不曉得？常言：月滿則虧，水滿則溢。又道是：登高必跌重。如今我們家赫赫揚揚，已將百載，一日倘或樂極生悲，若應了那句樹倒猢猻散的俗語，豈不虛稱了一世詩書舊族了？」

鳳姐聽了此話忙問對策，秦氏冷笑道：「嬸娘好痴也！否極

泰來，榮辱自古周而復始，豈人力所能常保的；但如今能於榮時籌畫下將來衰時的世業，亦可以常保永全了。一時的歡樂，萬不可忘了那盛筵必散的俗語。若不早為後慮，只恐後悔無益了！我與嬸娘好了一場，臨別時贈你兩句話，須要記著！」因念道：「三春去後諸芳盡，各自須尋各自門。」真是「好一似、蕩悠悠三更夢」，寧榮二府的悲劇下場開始就已經注定。

除了兆示性的夢，《紅樓夢》中也不乏具有諷刺意義的夢，十六回中秦鐘臨死之夢就讓人啼笑皆非：

那秦鐘魂魄那裡肯就去？又記念著家中無人掌管家務，又記掛著父親還有留積下的三四千兩銀子，又記掛著智能尚無下落，因此百般求告鬼判。無奈這些鬼判都不肯徇私，反叱吒秦鐘道：「虧你還是讀過書的人，豈不知俗語說的：『閻王叫你三更死，誰敢留人到五更。』我們陰間上下都是鐵面無私的，不比你們陽間瞻情顧意，有許多的關礙處。」正鬧著，那秦鐘魂魄忽聽見「寶玉來了」四字，便忙又央求道：「列位神差略發慈悲，讓我回去和這一個好朋友說一句話就來的。」眾鬼道：「又是什麼好朋友？」秦鐘道：「不瞞列位，就是榮國公的孫子，小名兒叫寶玉的。」那判官聽了，先就唬的慌張起來，忙喝罵那些小鬼道：「我說你們放了他回去走走罷，你們斷不依我的話，如今只等他請出個運旺時盛的人來才罷。」眾鬼見都判如此，也都忙了手腳，一面又抱怨道：「你老人家先是那等雷霆火炮，原來見不

得『寶玉』二字。依我們愚見，他是陽，我們是陰，怕他們也無
益於我們。」都判道：「放屁！俗語說的好，『天下官管天下事』，
自古人鬼之道卻是一般，陰陽並無二理。別管他陰也罷，陽也
罷，還是把他放回沒有錯了的。」眾鬼聽說，只得將秦魂放回。

　　曹雪芹一邊借鬼判之口批判現實社會官官相護、徇私枉法
的不良風氣，一邊又繪聲繪色地描寫都判和小鬼聽到「寶玉來
了」之後的慌亂無措。鬼判前後兩種截然不同的態度說明，原來
連自我標榜鐵面無私的陰間，其實也與陽世並無什麼兩樣。

　　小說中，曹雪芹還對夢中經常出現的夢話、盜汗、夢遺等
細節有精彩的描寫，這些在前人對夢的塑造中極為少見。

　　整部作品中，賈寶玉的夢話最多。早在第五回「神遊太虛
境」時他就曾高呼「可卿救我」，不禁讓秦可卿納悶：「我的小名
兒這裡從無人知道，他如何得知，在夢中叫出來？」這一情節立
刻增強了「賈寶玉神遊太虛幻境」的可信度，警幻仙子的指點、
寶玉夢中的所見所聞，想必真是上天已有的定數，大觀園未來
的悲劇命運看來不可避免。

　　除此之外，第三十六回中寶玉在夢裡說道：「和尚道士的話
如何信得？什麼『金玉良緣』！我偏說『木石姻緣』！」這句夢話
是賈寶玉真實心聲的流露，這是全書中他第一次用語言表達自
己對林黛玉的愛慕之情。雖然只是夢中的呼喊，卻有著更強的
感染力。

作為中國古典文學的集大成者，《紅樓夢》中的夢有著鮮明的批判現實主義美學特徵和高度的藝術真實性。曹雪芹準確把握了夢境、夢細節和夢的兆示作用，以夢意象貫穿整部小說的情節，使《紅樓夢》成為夢文學成熟階段的典範之作。

第五節　雲想衣裳花想容
── 夢與音樂、舞蹈、繪畫

音樂、舞蹈和繪畫都源於人類對美的追求。夢作為人類生活體驗的一種，常常被表現在音樂、舞蹈和繪畫等藝術形式之中，散發出別樣魅力。

龍吟十弄霓裳舞 ── 夢與音樂、舞蹈

據《史記‧趙世家》記載，中國古代最早與音樂相關的夢，是戰國時代趙國基業的開創者趙簡子所做的「鈞天夢」。

有一次，趙簡子無故昏睡了整整五日都不曾醒來，大夫們十分驚恐，請名醫扁鵲來診斷。扁鵲看過後說：「從前秦穆公睡了七天才醒過來，醒來後說自己到了天帝所，聽了鈞天樂舞，非常快樂。如今主君脈象正常，症狀又與秦穆公一模一樣，相信他不出三日便可醒來了。」

果然兩天半以後，趙簡子醒來，他愉快地說：「我到了天帝

所，和百神遊於鈞天，得聞鈞天廣樂，樂奏九遍，隨樂而舞者以萬計。鈞天樂實在動人心魄呀！」「鈞天夢」的典故就由此而來。從歷史記載中可以讀出，「鈞天夢」中有樂有舞，而以樂為主，後世詩人也屢屢吟詠此夢。但可惜的是，這個夢並沒有實際的樂或舞流傳下來。

據《北齊書》記載，唐代書法家、兗州刺史鄭述祖彈琴的功夫很了得，他自造了《龍吟十弄》之曲，當時人莫不以為妙絕。不過鄭述祖自己交代創作機緣時卻說：「這曲子不是我自創的，是我夢中聽人彈奏，醒來後趕忙記錄下來的。」

中國古代十大名曲之一的《廣陵散》也有一個與夢有關的故事。

傳說，魏晉時期著名的文學家、音樂家嵇康少年時晝睡，夢見一個身高丈餘的人對他說：「我是黃帝的樂官，埋在離你家三里的東邊林中，我的屍骨被人發現，請求你幫助埋葬。」嵇康醒來後，依著夢中的指示找到了那具遺體，遂為之收葬。當天晚上嵇康又夢見這人，這人為報答收殮安葬之恩，將一曲《廣陵散》在夢中傳授給了嵇康。

嵇康醒來，撫琴習曲，覺音韻殊妙。他後來成了彈奏《廣陵散》的名家，但從不輕易教人彈奏。西元二六三年，剛直的嵇康為司馬氏集團所害，臨刑前他從容不迫，撫琴演奏此曲，嗟嘆道：「《廣陵散》從此絕矣！」之後便慷慨赴死。伴著嵇康的浩然

正氣，《廣陵散》那「紛披燦爛，戈矛縱橫」的憤慨曲調，久久迴盪在人們耳邊。

中國古代懂得音樂的帝王很多，唐玄宗可稱其中的佼佼者。不過，根據野史記載，玄宗與音樂的緣分彷彿都來自睡夢之中。《楊妃外傳》記載，玄宗夜夢豔女梳著交心髻，穿著大袖寬衣，款款對自己說：「妾是陛下凌波池中的龍女，衛宮護駕有功勞。陛下您通曉《鈞天》之音，我乞求您也能賜我一曲。」於是，玄宗夢裡鼓胡琴而作《凌波曲》。

玄宗一生最得意的曲子莫過於《霓裳羽衣曲》。傳說，一年八月十五日夜，玄宗夢至月宮，宮內仙女數百人，素練寬衣、舞於廣庭。玄宗深為這美景佳樂所陶醉，不禁上前問道：「此何曲也？」答曰：「《霓裳羽衣》也。」清晨醒來，玄宗便召見伶官，按夢中所奏謄錄出了《霓裳羽衣曲》。

忽然夢裡見真儀 —— 夢與繪畫

樂可以入夢，畫自然也可以入夢。畫境常常就被視為夢境，更有一些丹青好手將夢中所見繪之於畫，或在夢中悟得畫理。

五代高僧貫休就是這樣一位祈夢畫夢的大師。《宋高僧傳》中記載：

休善小筆，得六法，長於水墨。形似之狀可觀。受眾安橋強氏藥肆請。出羅漢一堂雲。每畫一尊必祈夢得應真貌。方成

之。與常體不同。

「小筆」指唐代開始興起的「手指畫」,「六法」是中國畫的基本要領。因為貫休所畫的羅漢都是祈夢夢見的,所以史稱「應夢羅漢」。《益州名畫錄》中說貫休所畫的十六幀羅漢有的龐眉大目、有的朵頤隆鼻,皆是「胡貌梵相」。當時的翰林學士歐陽炯曾親眼看到貫休作畫的情景,並寫下了《貫休應夢羅漢畫歌》,詩中說:

> 西嶽高僧名貫休,孤情峭拔凌清秋。
> 天教水墨畫羅漢,魁岸古容生筆頭。
> 時捎大絹泥高壁,閉目焚香坐禪室。
> 忽然夢裡見真儀,腕下袈裟點神筆。

精於工筆畫的宋徽宗趙佶曾經夢遊化城,見到了各種奇人異景。夢醒後,宋徽宗畫出了《夢遊化城圖》來描繪夢中所見。元朝湯垕的《畫鑒》對這幅畫做過評價:

> 徽宗自畫《夢遊化城圖》,人物如半小指,累數千人。城郭宮室、麾幢鐘鼓、仙殯真宰、雲霞霄漢、禽畜龍馬,凡天地間所有之物,色色具備,為工甚至。觀之令人起神遊八極之想,不復知有人世間,奇物也。

第六章　萬事到頭都是夢
　　　　── 夢與社會生活

第一節　枕上片時春夢中 —— 夢與兩性

夢與兩性是中國古代文化史上一個很特殊的話題。自《詩經》始,朦朧的夢就與朦朧的兩性關係結成了一條隱形的紐帶。無論是趙武靈王夢孟姚,還是楚懷王夢神女,與兩性相關的夢往往都散發著一股誘人的味道。

漢唐以來,兩性之夢呈現出千姿百態的風貌,其中既有對夫妻姻緣的肯定和稱頌,也有對性愛的讚美和恐懼。夢書中夢鴛鴦、夢喜鵲、夢守宮等講的都是兩性之夢,《新集周公解夢書》還專闢「夫妻花粉」一章來談。明代市民文化的興起使得兩性之夢大行其道,《夢占類考》、《夢林玄解》等書中具體列出了「男女」、「婚姻」、「夫妻」、「淫奔」、「乳臍」、「陽臀」、「陰谷」、「精血」等子目來闡釋它。

猶恐相逢是夢中 —— 姻緣之夢

趙武靈王以胡服騎射聞名天下,他是趙國的中興之主,《史記·趙世家》中記載了他因夢成婚的故事。

> 王遊大陵。他日,王夢見處女鼓琴而歌詩曰:「美人熒熒兮,顏若苕之榮。命乎命乎,曾無我嬴!」異日,王飲酒樂,數言所夢,所見其狀。吳廣聞之,因夫人而為其女娃嬴。孟姚也。孟姚甚有寵於王,是為惠后。

趙武靈王夢中聽見女子所唱之歌，前兩句「美人熒熒兮，顏若苕之榮」是形容自己容貌美麗、光彩照人，如同苕草一樣；後兩句「命乎命乎，曾無我嬴」是說世上有那麼多的好名字，但都不如我的「嬴」字好。趙武靈王為之心動，醒來後依然戀戀不忘，大夫吳廣聽說後覺得這女子太像自己的女兒了，就把娃嬴嫁給了趙武靈王。娃嬴大名孟姚，史稱吳娃。兩人成親後非常恩愛，很快趙武靈王就立孟姚為王后，是為惠后。

趙武靈王的夢應該是最早的姻緣之夢，自此之後這類夢就經常出現在各種書籍中。姻緣之夢相比其他兩性之夢有更強的宿命感，夢中男女一方總會得知另一方的某些訊息，而後兩人必將結成夫妻。當然，也有想逃脫夢中的姻緣，但結果歸於失敗的例子。

《西京雜記》中記載，唐人曾崇範的妻子未嫁時曾幾次議親，但每到出嫁前夕，新郎就因各種奇特的緣故死去。這個女子曾夢見有人對她說：「田頭有鹿角，田尾有日炙，那人才是你的丈夫。」她當時不明白，直到後來順利嫁給曾崇範，才恍然大悟夢中人說的原來是個字謎。

宋代女詞人李清照和丈夫趙明誠的婚姻同樣也有預兆。傳說，趙明誠年少時，他的父親已經為他選定了一名女子為妻。將要成親時，趙明誠白天睡覺夢見自己讀一本書，醒來後只記得書中有三句話：「言與司合，安上已脫，芝芙草拔。」他把這

個夢告訴父親，他的父親說：「『言與司合』是『詞』字，『安上已脫』是『女』字，『芝芙草拔』是『之夫』二字。你將成為詞女之夫啊！」於是，他父親便做主將那名女子退了親，後來趙明誠娶得李清照為妻。

《夷堅志·金君卿婦》中，荊南有位太守，他的女兒十八歲，已經由男方下了聘禮，只等擇日成婚。可太守女兒夢見有人對她說：「這個男子不是你的丈夫，你的丈夫名叫金君卿。」女孩兒夢醒之後不好直說，就在自己的繡帶上繡滿了「金君卿」的名字。太守夫婦知道後非常疑惑，以為女兒看中了某個人，可就是找不到這個金君卿。太守反覆問女兒才知緣故。

沒過多久，和這個女孩訂親的男子竟死了。半年之後，新任峽州太守經過荊南，他的名字就叫金君卿。於是，荊南太守夫婦待以厚禮，並把女兒的夢告訴了他。峽州太守此時已年過四十，妻室新亡，他婉言相拒。但荊南太守堅持說：「姻緣定數，如何推辭的了？」於是硬是把女兒嫁給了他，婚後兩人生活得十分美滿。

武則天時期的宰相崔元綜也曾做過姻緣之夢。崔元綜在適齡之年曾訂過一門親事，娶親之前他夢見有人對他說：「這個女子不是你的妻子，你的妻子今天才降生呢。」夢中他跟隨這個人到了東京履信坊，坊中一個婦女剛生下一個女孩，那人便對他說：「這個女孩就是你將來的妻子。」

崔元綜醒來後根本不相信這個夢，不久後與他訂婚的女子突然去世，崔元綜還是不把此夢放在心上，可後來屢次議娶都是陰差陽錯。一直等到他五十八歲那年，才與侍郎韋陟十九歲的堂妹韋氏結婚，韋氏正是從前他夢中到過的那戶人家在那天晚上生下的女孩。

《夷堅志・李邦直夢》中，北宋人李邦直與孫巨源是同科舉人，又在同一個地方做官，孫巨源任海洲太守，李邦直是通判。孫巨源有個女兒，常到後花園遊玩，李邦直見了很喜歡，常常與她攀談。一天晚上，李邦直夢見自己在園裡與孫的女兒幽會，追趕她時踩著了她的鞋子，還把花插到了她頭上。李邦直醒來後，如實地把夢告訴給夫人韓氏。韓氏聽完後失聲痛哭，說這個夢預示李邦直將娶孫的女兒為妻，而她自己的死期就要臨近了。李邦直卻很不以為然，他覺得這個夢僅僅是因思念孫的女兒所致。自己已有妻，孫的女兒又是朋友之女，怎麼可能完婚？豈料不久後他的妻子韓氏果然亡故，後來又經過許多曲折，他竟真的和孫的女兒成了婚，兩人婚後十分恩愛，孫的女兒後來還被封為魯郡夫人。

子規啼破相思夢 —— 性愛之夢

性愛之夢是保守的華夏民族文化史上的一朵奇葩。面對這類夢時，古人習慣用《黃帝內經》中所講到的生理原因理論來矇

混過關。不過無論如何躲避，性愛之夢始終存在，明代以後對性夢的描述多見於話本小說之中。在各式各樣的性愛之夢中，人神之愛和人鬼狐魅之愛這兩類最為旖旎動人。

最早的人神性愛之夢要算「楚懷王夢遇神女」，「朝雲暮雨」一詞就出自這個香豔故事。《昭明文選》記載，楚懷王曾經遊高唐而晝眠，夢中一嬌媚的女子飄然而至，對他說：「我是巫山之女，高唐之客。聽說您來高唐遊玩，我願自薦枕席。」於是懷王一夜銷魂。天亮時，神女與懷王告別，她說：「我住在巫山的南面，為高山所阻，晨為朝雲，暮為行雨。朝朝暮暮都在高臺之下。」楚懷王晨起觀看，果然如她所說，便為她建了朝雲廟。

後來宋玉奉楚懷王之子頃襄王之命將這個故事寫成《高唐賦》，「巫山雲雨」從此便成了男女交合的代名詞。

三國時期魏國的弦超也有個和神女結緣的故事。干寶的《搜神記》中記載，弦超獨宿，夜夢神女從天上來，自稱天上玉女，本是東郡人，姓成公，字知瓊，父母早喪，天帝憐她一人孤苦，遣她下凡來與弦超成婚。自此玉女夜來晨去，有七八年的時間。

後來，弦超的父母為他娶妻，他白天和妻子在一起，晚上和玉女在一起，玉女來去自由，倏忽若飛，只有弦超能看得見她的形體，可她的聲音卻沒有辦法遮蓋。一次被人發現，那人就來質問弦超。

弦超無法，終於洩漏了玉女來會之事。於是玉女求去，她對弦超說：「我是神人。雖然與你相愛，但卻不願意讓別人知道。如今天機已經洩漏，我便不再與你相見了。這麼多年的感情，我們之間恩義深重。如今相別，甚是愴恨啊！」說完，玉女留下一首詩贈與弦超，便不復出現了。

不同於人神之愛，人一旦在夢中與鬼交、與狐妖交就是孽戀，這種夢通常被認為有損身體，有時甚至會導致人失陰失陽過多而死去。

《子不語·金秀才》就講了這麼一個故事。

蘇州金秀才晉生，才貌清雅，蘇春厓進士愛之，招為婿，婚有日矣。金夜夢紅衣小鬟引至一處，房舍精雅，最後有圓洞門，指曰：「此月宮也，小姐奉候久矣。」俄而一麗人盛妝出曰：「秀才與我有夙緣，忍舍我別婚他氏乎？」金曰：「不敢。」遂攜手就寢，備極綢繆。嗣後，每夜必夢，歡好倍常，而容顏日悴。舉家大懼，即為完姻。蘇女亦有容色，秀才愛之如夢中人。嗣後夜間，酉戌前與蘇氏交，酉戌後與夢中人交。久之，竟不知何者為真，何者為夢也。其父百般禳解，終無效。體本清贏，斫削踰年，成瘵疾而卒。

中國傳統文化中，對於性夢的表達始終都是很含蓄的。古詩文中根本找不到「性夢」或類似「性夢」的詞語，文人通常會用相思夢、鴛鴦夢、雲雨夢、風月夢、雙花夢、雙頭夢、佳人

夢、花柳夢等來代稱性愛之夢，最露骨的詞也不過合歡夢或夢同衾而已。唐代顧況詩曰：「欲知寫盡相思夢，度水尋雲不用橋。」李商隱詩曰：「別館覺來雲雨夢，後門歸去蕙蘭叢。」五代韋莊詞曰：「子規啼破相思夢，曙色東方才動。」

第二節　病魂常似鞦韆索 —— 夢與生老病死

「世事一場大夢，人生幾度新涼」，百轉千迴夢裡人怎奈得住那無常的世事，生老病死是人類永恆的發展歷程。無論如何花團錦簇，怎樣繾綣纏綿，最終都敵不過歲月那把殺豬刀。憑你是鳳凰入巢、彗星下凡，終不過黃粱美夢百年身。生來夢裡勞祥瑞，死時才知萬事空。真是「枉費了、意懸懸半世心，好一似、蕩悠悠三更夢」！

杳然俱是夢魂中 —— 出生之夢

漢代以後，占夢階層的整體下移使得有關受孕、出生的吉夢不再是君王的專利。眾多達官顯貴、才子文豪的出生都有類似於「承命於天」的吉夢「光顧」。

三國時期天水人薛夏博學有才。傳說，他母親懷孕時曾夢見有人送來一箱衣服，然後對她說：「你定能生個賢明的兒子，被帝王所尊崇。」薛夏長大後果然不同凡響，曹操這等梟雄都對

他以禮相待。他因人陷害而遭扣押時，多虧曹操篤信他無罪才得以平冤昭雪，後來還被提拔做了軍謀掾。

魏文帝曹丕也很欣賞薛夏的才能，常常與他一同討論書傳，這兩個人一談起來就是一整天的時間。薛夏思想深刻、辭采華美，文帝曾讚賞他說：「當年公孫龍號稱有辯才，但他迂腐狂妄、名不副實。如今你說的話卻都像聖人之言，恐怕只有子游、子貢才能媲美。」薛夏家中十分貧困，文帝見他衣著單薄破舊，便將自己的衣服解下來賜予他，這就剛好和薛母當年的夢相照應了。

南朝梁陳之際的文學家，詩人徐陵是那個時代的風雲人物。徐陵出身顯貴，父親徐摛曾任梁戎昭將軍、太子左衛率。徐母臧氏懷著徐陵時，曾夢見有「五色雲」幻化而成鳳凰，飄飄然落到自己的左肩上，不久徐陵便降生了。

徐陵幼年時，就曾多次被高人讚譽為「天上石麒麟」、「當世顏回」。據《陳書・本傳》記載，他八歲能文，十二歲通曉《莊子》、《老子》之義，長大後更是博涉史籍、縱橫有辯才。梁武帝蕭衍時期，少年徐陵出任東宮學士，編撰了頗負盛名的詩集《玉臺新詠》，與當時著名詩人庾信並稱「徐庾」，與北朝郭茂倩並稱「樂府雙璧。」

入陳後，徐陵歷任尚書左僕射、中書監等職，當時朝廷的文書制度多出自他的手筆。徐陵不僅僅是一個宮廷文人，他

還是定國安邦的良材。陳文帝陳蒨的弟弟安成王陳頊手下有一批弄臣，他們危害百姓、無惡不作，徐陵在朝堂上公開彈劾這批人，他慷慨陳詞、正氣凜然，聽得陳文帝整理衣冠、嚴肅正座，安成王更是大汗淋漓、驚慌失色。

西元五六九年，徐陵參與罷黜廢帝陳伯宗，扶立安成王陳頊為陳宣帝，他被封為建昌縣侯，後歷任左光祿、吏部尚書等職。他多次上書推辭，態度懇切，宣帝為之動容。徐陵一生傳奇，不僅詩文成就輝煌，還曾扳倒國蠹、廢昏君而立明主、定戰事之乾坤，無愧「鳳凰下凡」之美譽。

巧合的是，比徐陵稍早一些的梁代文學家任昉的降生也有奇夢保駕。任昉是樂安博昌人，他的父親是任遙，母親則出自河東裴氏望族。任母素有德行，一日午睡，夢見有五色彩旗從天而降，彩旗的四角懸掛著鈴鐺，其中一隻鈴鐺恰巧落進自己懷中，她心驚而醒。占夢者為她占斷此夢，說：「必生才子。」不久任母便有孕而生下了任昉。

任昉生下後就非常聰敏，有「神悟」的美稱。他四歲就能讀詩數十首，八歲能寫文章，被家人稱為「千里駒」。梁武帝蕭衍未登基前，曾與他同在竟陵王蕭子良邸中，兩人同為「竟陵八友」。蕭衍曾對他說：「如果我當了三公開府，就會以您為記室。」任昉也開玩笑地回道：「如果我當了三公開府，就會以您為騎兵。」

誰料世事弄人，當年的玩笑話後來竟成真了。不久，齊王室發生篡弒危機，任昉堅定地站在了蕭衍身邊。蕭衍篡齊建梁為帝的過程中，果然以任昉為記室，受禪使用的文誥就出自任昉之手。之後，任昉歷任黃門侍郎、吏部郎中、吏部侍郎、御史中丞，他為官清廉、仁愛恤民，可惜四十九歲就英年早逝，死時家中僅有桃花米二十石。蕭衍即日舉哀，哭之甚慟。

北宋富弼為政清廉，好善嫉惡，歷仕真、仁、英、神宗四朝，官居宰相。他的母親韓氏懷他時曾夢見旌旗搖擺，仙鶴和大雁降落在自家庭院中。不久韓氏生下富弼。富弼少年篤學，提筆能文，胸有大度。范仲淹十分欣賞他，稱他有「王佐之才」，並將其文章推薦給當時的宰相晏殊，晏殊看後激賞不已，納他為婿。

富弼一生「恭儉好修，與人言必盡敬，雖微官及布衣謁見，皆與之亢禮」。仁宗時宋遼關係緊張，遼人率大軍壓境施以威脅，要求北宋派出使者商談割地。當時北宋朝廷上上下下竟無一人敢去，這時富弼挺身而出，臨危受命。他兩度出使遼國，在談判中不卑不亢、有禮有節，展現出超人的膽識和外交能力。富弼的努力，不僅使遼人自知理虧、息兵寧事，而且令南、北兩國數十年間不見戰事。

元朝平定州有個叫呂思誠的人，他出生前母親馮氏夢見一個男子，頭戴烏巾，身穿白衫，束一條紅色皮帶。他來到馮氏

面前，作揖後說道：「我是天上的文昌星。」馮氏夢醒，兒子
呂思誠就出生了，這孩子剛生下來就與眾不同，他眼中似有神
光，見到的人都覺得很稀奇。

　　長大後，呂思誠學識淵博，性情剛直，直言敢諫，秉公辦
事。他歷任侍御史、集賢院侍講學士兼國子祭酒、湖廣參政、
中書參知政事、左丞轉御史中丞、國子監翰林學士、翰林國史
院檢閱官及編修等職，是元朝名臣。他著有《介軒集》、《兩漢通
紀》、《正典舉要》、《嶺南集》等，還曾主持編寫了宋、遼、金
三史，無愧「文昌星下凡」。

　　上述這些「出生之夢」的主人，雖然沒有如歷代帝王一般
問鼎中原，但他們個個都文采卓越、仕途輝煌，皆是對中國歷
史、文學的發展產生過重大影響的風流人物。不過，在後來的
文學作品中，這類出生之夢要麼被賦予了諷刺性的意味，要麼
就總是以悲劇命運收場，不復當年之美好。

樓頭殘夢五更鐘 —— 疾病之夢

　　疾病之夢本就是夢的一種，《黃帝內經》中曾將病夢與病
症相對應，得出了很多結論，前文已經介紹過。其實，疾病之
夢在古人身上經常發生，有時它們的作用並不用來兆示病因，
而是對疾病發展情況的一種預示。晉景公夢見兩個小人出現在
自己的膏肓之間，說明景公之病已是藥石難除、回天乏術。另

外，這類疾病之夢也有不少趣聞。

傳說，周昭王一日在神殿中和衣小睡，忽然見到白雲載著一位仙人從天而降，仙人身上長滿了羽毛，昭王便向他詢問成仙之道，仙人說：「大王您尚未脫俗，怎麼可能長生不老？」昭王聽後連忙跪下，一再懇求這位仙人賜予自己脫俗絕欲之法。仙人禁不住他的哀求，便用手指對著昭王的心劃了一下，心一下子就裂開了。昭王嚇得從夢中驚醒，患上了心疾。

病重的周昭王不吃不喝，十天後已經奄奄一息。這時，那位仙人又來到他的面前，款款對他說：「我要給您換一顆心。」說罷，便拿出一個小綠藥囊，將裡面的藥塗在周昭王的胸前。不一會兒，昭王的心疾就好了。仙人將此藥送給了昭王便翻然而去。後來，昭王常常服食這種藥，活到很老才死去。

同出生之夢一樣，神奇的病夢也不只是帝王獨有的，南朝宋文帝元嘉九年時，參軍明敵之身邊的一個隨從也做過類似的夢。一晚，該隨從突然在夢中尖叫起來，他的主子明敵之親自來喚他，都沒能把他喚醒，更為怪異的是，他的髮髻莫名其妙地不見了。正當人們放棄希望時，三天後這個隨從竟醒了過來，他對眾人說：「我夢見自己被三個人按住腳，一人還割掉了我的髮髻。這時一個道士突然出現，給了我一丸長得像梧桐子一樣的藥。」大家這才發現他的手中竟真的拿著這樣一丸藥，趕忙給他服下，吃過後這個隨從一下就痊癒了。

　　唐代高宗、武周兩朝名將婁師德做官之前常患疾病。一日他夢見一個穿紫色衣服的人來到自己的床前，行禮後說：「你的病有救了，不過要先跟我走一趟。」婁師德聽罷起身隨他出門，走著走著就感到身輕如燕、力氣十足，彷彿沒有生病一般。

　　他隨那紫衣人走出很遠，看到了一座府衙，府衙的大門高聳入雲，府外站滿了士卒。紫衣人對他說：「這是我們地府的大門。」婁師德聽後大驚失色，趕忙問：「地府的門為何開在人間？」紫衣人道：「痴人呀！陰間之路本就是與陽間之路相連的，只是世俗人不知罷了！」

　　婁師德走進院子，看見一個空房子，房上匾額寫「司命署」。他便好奇地問這地方是做什麼的？紫衣人回答是用來存放世人祿名壽命籍冊的。婁師德來到房內，看到裡面堆滿了書，書旁邊有一個穿綠衣服的人把守，這人被稱為「案椽」。案椽拿出婁師德的籍冊遞給他，上面明明白白地寫著婁師德加官晉爵的時間，而且還寫明他將在八十五歲時壽終正寢。

　　婁師德看後很高興，待要與案椽攀談時，忽聽得一聲巨響，屋簷都跟著震動起來。案椽大驚失色，對他說：「這是天鼓在響，此地乃天機之所，不是你這等凡間人可以久留的，你還是趕緊回去吧！」婁師德聽罷驚醒。此時天已大亮，婁家東邊佛寺的鐘聲響起，恰與夢中天鼓之聲契合。當天，婁師德沉痾痊癒。後來，他果然仕途順遂。

　　豈料，活到六十九歲上，婁師德在夢中看見一個黃衣使者對自己說：「我是陰間小吏，奉命來收你。」他覺得奇怪，就問：「我看過自己的祿命簿啊，上面明明寫著我的壽命是八十五歲，如今怎麼這麼著急收我去呢？」黃衣人說：「你當官時錯殺了無辜之人，你的官位與壽命如今已經找不到了。」話音剛落，婁師德便什麼也看不見了，三天後他就死了。

　　唐大曆年間，著作佐郎楚實忽患重病，低燒昏迷，四十多天都不省人事。昏迷中的楚實做了一個奇怪的夢，他夢見一個黃衣女道士施施然來到自己身邊，對自己說：「你這人有官祿之命，如今還不到你的死期呢！」隨即喚來一個叫範政的將藥端上來給楚實，只見一個小孩兒手裡拿著一隻琉璃瓶子和一大碗瀉藥走來。楚實夢中將藥喝下後就從昏迷中醒來。

　　此時剛好天亮，楚實聽到下人稟報說自己的好友許叔冀派人來送藥，他恍惚間看到一個小孩端著藥出現，竟與夢中情景完全一樣。於是，強撐著睜開眼睛，問這孩子姓名，果然喚作範政。楚實喝完這碗藥後，一場重病竟一下子全好了。

彷彿夢魂歸帝所 ── 死亡之夢

　　中國古代文獻中記載的噩夢裡，有一大部分是與死亡相關的，這與人們對死亡的恐懼有關係。當生命面對死亡這道門檻時，終於，一切的不公平都消失了。沒有人能拒絕死神的惠

顧，不論生前有多麼顯貴，死後都一樣是一抔黃土隨風去。上至聖人天子，下到販夫走卒，「死亡之夢」籠罩著社會的各個階層，很多時候所謂的「死亡之夢」都是心魔作祟。

《晉書‧郭禹傳》中記載了一個標準的預兆死亡的夢。患病已久的郭禹在臨終前曾經夢見自己乘青龍上天，可半截卻被屋頂擋住了去路。郭禹清醒後自占說：「屋之為字，屍上至下。龍飛至屋，吾死矣。」他使用解字法將「屋」字拆分成「屍」和「至」兩個字，占斷此夢為死期將至之兆。果然，不久後郭禹就去世了。

郭禹所做的這個死夢情節並不複雜，古書記載中還有很多離奇詭異的死亡之夢。這些夢中常常有神鬼出沒，有的暗藏著因果報應，有的則是好友之間死別前的夢裡訣別。

唐朝末年的監察御史薛存誠官場得意、扶搖直上，由臺丞升門下省要職，不出一個月又升為副御史。新得的御史府第遠離鬧市，甚是整潔肅穆。薛存誠搬進府中感到很是心曠神怡。他站在花廳中吟了兩句詩：「捲簾疑客到，入戶似僧歸。」

幾個月後，御史府的看門小吏半夜間睡在門房，尚未睡熟時他恍惚看到幾十個僧童拿著香花和幡旗，一邊唸經，一邊朝御史府走來。小吏趕忙喝道：「大膽，你們是什麼人，敢在御史公署前做法事？」

僧童隊伍中有個叫識達的和尚出來回話，他自稱是薛存誠

的徒弟，說：「我師傅在嗎？我們可以進去探望一下，就把他接走嗎？」小吏不明所以，看到識達等要硬闖府邸，趕忙招呼人來捉拿和尚。

這時識達又說：「薛中丞原是須彌山東峰靜居院的羅漢大德，只因他一心思凡、違反天條，才被貶到人間五十年，如今年限已滿，我等來接師傅回家。」小吏聞聽慌了手腳，待要進去稟告時突然驚醒。數天之後，薛存誠就得了急病亡故了，死時竟剛好五十歲。

後魏時的盧元明，字幼章，官至中書侍郎。孝武帝永熙末年，他住在洛東的緱山。一天，他忽然夢見朋友王由帶著酒來與他告別，夢中王由一邊喝酒，一邊賦詩贈予自己。盧元明醒來後只記得詩中的十個字：「自茲一去後，朝市不復游。」

思量許久，盧元明長嘆一聲道：「王由這個人一向清高而不媚俗，我的夢裡他寫出這樣的詩句，只怕是已經遭遇什麼不測了！」果然過了三天，就有人來給盧元明報信，說王由不幸被亂兵殺害了。盧元明推算亡友的死日，發現正好是自己做夢的那天夜裡。

唐代進士王惲才華橫溢，文辭清麗，尤其擅長詠物。會昌二年的一夜，他的朋友陸休符突然做了一個很奇怪的夢。夢中他與幾十個人一同被繩索牽連著押往一處，旁邊還有養馬馭車的騶從。他驚奇地發現好友王惲竟也在被押送的隊列中，一頭霧水的陸休符湊上前去想問個究竟。只聽王惲哭泣道：「最近接

了一個苦差事，誰聽了誰厭惡。」他又指指身邊的人說，這些人全幹一樣的差事。

　　陸休符恍惚間醒來，覺得此夢太過詭異，恐不吉利。當時，陸休符住在太平，王惲住在揚州，不過他的兒子尚在太平。陸休符就趕快到王家詢問情況，王惲兒子並沒有接到什麼消息，還安撫了受驚的陸休符。豈料七天之後王惲的死訊便傳來。陸休符暗自算了算日子，發現王惲也剛好死在了自己做夢的那一天。

第三節　進退是非俱是夢 —— 夢與人生禍福

　　「鏡裡恩情，更那堪夢裡功名」，功名利祿、旦夕禍福，也彷彿總與夢有扯不清的關係。哪個士人不想出人頭地，哪個女子不想遇到好姻緣？然而，人生不如意十之八九。於是，夢中的禍福便成了對人事的一種寄託。

個個公卿欲夢刀 —— 升官發財之夢

　　唐代元稹在《寄贈薛濤》中寫道：「紛紛辭客多停筆，個個公卿欲夢刀。」李商隱的《街西池館》中也說：「太守三刀夢，將軍一箭歌」。那麼，「三刀夢」的故事究竟講述了什麼，讓這些文人墨客如此魂牽夢縈呢？

　　晉代有個叫王浚的人，他家裡幾代大官，自己也學識廣博、素有大志。一天夜裡，王浚夢見有三把刀懸在自己臥室的房梁上，正在驚詫之時竟然又多了一把刀。王浚頓時從夢中驚醒，他料定這必是大凶之夢，心裡很難受。可當有人把他做的這個夢講給主簿李毅聽時，李毅卻立馬來登門拜賀。

　　王浚覺得詫異，趕忙問李毅是何道理。李毅說：「三刀為『州』字，又增加一把，是您將到益州去做大官！」不久後，張弘起事殺了益州刺史皇甫晏，朝廷果然遷王浚為益州刺史。王浚一到益州，就設計了方略，將作亂的張弘等人全數殲滅，他因平亂有功被封關內侯。在益州刺史任上，王浚廣施仁政、深得民心，因治州有方而受封大司農。

　　事實上，這個讓人垂涎的三刀夢就是一個升官夢。在中國古代士人眼中，功名無比重要。只有金榜得中、位列人臣，才有可能實現自己的抱負和理想，當官幾乎是古代知識分子的唯一選擇。於是，關於升官、做官的夢就比比皆是了。

　　南朝梁代的吉士瞻曾經夢見自己得到了一大堆鹿皮，仔細數數有十一件之多。他醒來後十分高興，說：「這個『鹿』就是指『祿』呀！我大概能做十一個官職吧？」後來，吉士瞻一再升遷，當他做到二郡太守時前前後後已經做了十一種官了。這時，吉士瞻覺得天意已盡，自己應該要死在這一任上。他生了病，死活不肯醫治，不久就去世了。

隋唐之間的裴寂是蒲州桑泉人，年輕時英俊瀟灑，是隋文帝開皇年間的左親衛。因為家境貧寒，他無力買馬，每次去京城述職都只能步行。有次他經過華岳廟時，向神佛祈禱道：「窮困至此，敢修誠謁，神之有靈，鑒其運命若富貴可期，當降吉夢。」結果，這一夜他便夢見一個白頭翁對他說：「卿年三十後方可得志，終當位極人臣耳。」

後來他做了晉陽宮副監，剛巧此時李淵也在太原，他與李淵是多年好友，便總在一起吃喝玩樂。此時李世民想策動父親舉兵反隋而無從下手，就看中了裴寂。他與裴寂合謀以晉陽宮的宮女私侍李淵，逼得李淵無法，只好起兵。這一年裴寂三十七歲，唐王朝建立後裴寂成了開國宰相，一生受到李淵的賞識和重用。

唐朝武周、中宗時期的女強人上官婉兒的母親在生她前做了一個夢，夢見有人送了自己一桿大秤。占夢者都說上官夫人將要誕下貴子，以後會執掌國家大權。可惜，生下的上官婉兒竟是個女孩，而此時她的祖父上官儀因反對武后被斬，她與母親同入內庭為奴。上官夫人便認為此夢不準。

可過了十五年，婉兒長大聰慧善文，深為武則天所喜愛，就提拔她做了女官。從此，上官婉兒掌管宮中制誥近三十年，有「巾幗宰相」之名。唐中宗時她被封昭容，在當時的政壇、文壇都擁有顯赫的地位，還曾建議中宗廣設學士，當時文人多依

附於她，可謂權傾朝野，果然應了占夢者的話。

　　也許是做官太過重要，不僅士人自己要做升官夢，因夢而得官的例子也不少，韋見素就是這麼一個幸運兒。一次，唐玄宗夢見自己從大殿上跌下去，正好一個孝子站在那裡，一把把他推了回去。醒來後他問高力士此夢之意，高力士說：「孝子當穿素衣，這大概指的是韋見素吧！」唐玄宗竟很是認可，幾天後，吏部侍郎韋見素就如同坐了火箭一般地被提拔成了宰相。

　　升官發財、功名利祿，官與財某種程度上說比親兄弟還親。棺材棺材，最有名的「諧音占夢」就是講得官得財的。有升官之夢，就少不了有發財之夢。

　　晉代有個叫劉殷的孝子，七歲死了父親，他服喪三年，未曾露齒一笑。曾祖母王氏冬天時想吃菫菜，但因為家貧不願說出。十歲的劉殷知道後大哭，說：「我罪孽深重啊！曾祖母在堂，我卻連一點菫菜都無法滿足她老人家。」哭著哭著他恍惚聽見有人對他說：「不要哭了！」他疑惑著收淚，突然看到了土中長出菫菜，而且採而不減。

　　過了不久他做了一個夢，夢見有人對他說：「你到西邊的籬笆下去找找看，那裡有粟米。」劉殷醒來後去找，果然在那個地方挖出了粟米十五鐘，神奇的是旁邊的土上竟然還留著一行字：「七年粟百石，以賜孝子劉殷。」後來他家單靠吃這些米，就吃了整整七年。

　　明朝首富沈萬三也有一個因夢致富的故事，故事中沈萬三的所有財富都源於一場奇夢。據說，沈萬三發跡前家裡很窮，一夜他突然夢見一百多個穿著青色衣服的人在祈命。第二天一大早他就看見一個漁夫正要剖剝一百多隻青蛙，他心有所感，就買下了這些將死的青蛙，將牠們放生在自家附近的水池中。

　　此後，青蛙總是喧鳴達旦，竟吵得沈萬三無法入睡。他跑去驅趕青蛙時，看到牠們都環繞在一個瓦盆旁邊。沈萬三覺得很驚奇，就將瓦盆帶回了家。結果妻子在盆中洗手時不小心將銀飾掉落在盆裡。不料，盆裡竟迅速生滿了銀器。沈萬三又以金銀試之，皆是如此。從此，他就有了取之不盡、用之不竭的財富。

夢筆深藏五色毫 —— 才學之夢

　　「若誇郭璞五色筆，江淹卻是尋常人」，南朝江淹夢筆的故事家喻戶曉，這支「五色筆」實在是文人夢寐以求的寶貝。不過「五色筆」固然好，可實在夢不到時，也可以用其他美夢代替。

　　東晉文學家和思想家羅含夢吞文鳥的故事也流傳甚廣，據《晉書‧文苑傳》記載：

　　羅含，字君章，桂陽耒陽人也。含幼孤，為叔母朱氏所養。少有志向，嘗晝臥夢一鳥文彩異常，飛入口中，因起，驚說之。朱氏日：「鳥有文彩，汝後必有文章。」自此後，藻思日新。

「鳥之文彩」象徵文章之文采，文彩異常漂亮的鳥代表了文采飛揚的文章，文鳥入口則有天降奇才之意。此夢其實是羅含想要文采風流心理的一種反應。江淹夢筆，羅含夢鳥，都只是夢見而已。這類夢發展到唐代時，開始流行更加直接的「吞嚥形式」。

唐玄宗年間的宰相宋璟以辭賦著名，據說他曾夢見一隻大鳥銜了一本書到自己口中，並將它吞了下去，既而展翅高飛。自此以後，宋璟便是「藻思日深」。

中唐思想家、大文豪韓愈也曾夢見有人給了他一卷丹篆，強行要求他吞下去，旁邊竟有一人拊掌而笑。一夢驚醒，韓愈覺得自己的胃裡彷彿有東西噎住一樣。這個夢裡的「丹篆」有具體所指，丹篆是由秦漢大小篆演化而來的一種書體，而韓愈是唐代古文運動的發起者，他主張的古文意趣恰恰來自秦漢時代。有趣的是，多年之後當韓愈遇到中唐詩人孟郊時，他發現孟郊竟與當年夢中那個拊掌而笑的人長得一模一樣。

夢不僅可以賜予文人想要的才華，還可以贈予他們創作的靈感。西漢賦家司馬相如曾因夢而作《大人賦》，一時傳為美談。南朝劉宋時期的山水詩鼻祖謝靈運流傳千古的名句「池塘生春草」傳說也是出於夢境。

謝靈運平日裡常常和弟弟謝惠連在一處吟詩，一次惠連外出，謝靈運感到有些失落。這夜他竟夢見自己與惠連在生長春

草的池塘邊相對吟唱，他感到很高興，就不自覺地吟出了「池塘生春草，園柳變鳴禽」。謝靈運夢中醒來覺得此乃天賜佳句，就為其補了其他句子，寫成一首長詩。後來這一句成為南北朝山水詩中的經典，這場夢也成為詩界美談。

不過，古人的「才學之夢」並不都像前面講過的一樣風輕雲淡、雅緻曼妙。還有一類「才夢」聽來相當血腥，彷彿要想學有所成，就要「開膛破肚」、「剖心換腦」。也許是才華太具吸引力，古人竟爭先恐後地做這種驚悚的夢。

於是在夢中，東漢鄭玄被人開了腹，唐代尹知章被人鑿了心，五代王仁裕讓人掏了腸胃來灌水，清代周立五也是換頭換腹忙得不亦樂乎。但這些人的夢，相比《聊齋》中朱爾旦的經歷來說，就都是小兒科了。

陵陽書生朱爾旦本來並不出眾，是個智力平庸之人。一次他參加文社集會，有人開玩笑說，想把十王殿裡那個面容猙獰的木雕判官請來一同喝酒。結果，文人們膽小，無人敢去。朱爾旦倒是頗有幾分膽色，他走出門去大呼：「我請髯宗師至矣！」豈料不一會兒，那判官竟真的來到朱爾旦面前，與他共飲。

後來，兩人便常在一處喝酒，朱爾旦將自己寫的文稿拿出來給這判官參詳，判官總是搖頭說不好。一夜，朱爾旦酒醉入睡，忽然感覺臟腹微痛，他醒來一看，竟發現那判官在給自己做手術，判官對他說：「你不用慌張，我看你的文章不好，就知

道你的心竅不開。我剛才到冥間去在千萬顆人心中挑選了一顆慧心幫你換上。如今已經換好了，我正整理你的腸胃呢！」果然，手術完畢後，榻上根本沒有血跡，朱爾旦也只是感覺腹間有少許麻木而已。

自此以後，朱爾旦文思大進，不久就中了狀元，這下可把他平時那些朋友嚇壞了。另外，朱爾旦還勞煩判官幫自己的結髮妻子換了一顆美人頭，雖然因此找來官司，但最終化險為夷，皆大歡喜。

一場愁夢酒醒時 —— 噩運之夢

「禍兮福所倚，福兮禍所伏」，人間的禍福總是相依相伴，夢也不能讓福氣一家獨大。噩夢是幾千年來始終熱門的焦點話題。無論何時、何地，人們做了噩夢，輕則心神不寧、疑神疑鬼，重則因驚嚇成病，甚至可能丟了性命。

三國時謀士許攸就做過一個詭譎的噩夢。他夢見一個黑衣小吏將一張漆案搬到他面前，這漆案上擺著六封文書，那小吏在他面前拜倒說：「大人將要成為北斗府君。明年七月還有一張漆案送來，那上面放著四封文書，是送給主簿陳康的。」許攸驚醒，覺得此夢甚怪，正在思量間，聽得家人來報說陳康拜訪，更加驚恐不已。他將此夢講與陳康說，兩人都感到十分害怕，過了一會兒，許攸寬解陳康說：「我問過法師，我死後不過是一

個土地神罷了。如今咱們能當上北斗府君、主簿，豈不是攀了高枝？」第二年七月，許攸、陳康在同一天死去。

南北朝時期，將軍張天錫在涼州駐防時曾夢見一隻綠色的狗，異常高大，從南邊朝自己撲來，好像要咬他一般，嚇得他下床躲起來，結果摔在地上驚醒了。後來前秦皇帝苻堅派大將苟萇攻打涼州，那苟萇正是穿著綠色的錦袍，從南門攻入城中，張天錫城破自盡。

巧合的是，滅掉張天錫的苻堅也做過一個相似的夢。有次他想向南方派軍，還沒出征就夢見城裡長滿了蔬菜，而且大地向東南方傾斜。第二天他找人來占夢，占夢師說：「菜多難為醬，醬諧為將；大地東南傾斜，說明天意傾向東南方。陛下，您這一仗難勝呀！」果然，苻堅這南征大敗而回。

唐貞觀年間，大將侯君集與太子承乾策劃謀反，做賊心虛的他總是心神不安。一夜他夢見兩個甲士突然將他逮捕，押到一個地方，只見那裡有個人戴著高帽，一臉大鬍子，吆喝道：「取君集威骨來！」於是幾個甲士操起屠刀，對著他的腦袋和右臂砍下，各取了一塊骨頭。

侯君集夢裡驚嚇而醒，醒來後還覺得腦袋和右臂生疼。從此開始，他更是心驚膽顫，總感到疲憊不堪，最後甚至連弓箭都拉不開了。他感到這必是謀反之事所致，便想去自首。可惜，還沒等他下定決心，謀反之事就暴露了，一代將星就此隕落。

「命裡有時終須有，命裡無時莫強求」，命裡如此，夢裡也如此。一旦噩夢襲來，想要躲是躲不及的。唐代隴西李捎雲的故事就是如此。

李捎雲是個不學無術的花花公子，喜好聚眾作樂，行為荒唐放蕩。一天夜裡，他的妻子夢見自己的丈夫連同十幾個狐朋狗友、娼妓戲子一起被長繩綁著押走了，這群人個個披頭散髮、袒胸露乳，丈夫哭著和自己告別。李妻夢中驚醒，與丈夫說了此夢，他們夫妻二人驚恐地發現，他們竟然做了一模一樣的兩個夢。

兩人認為這是凶兆，便開始吃齋念佛，請人來做法念經，三年都沒有出事。李捎雲覺得此夢定是不準，就又開始像以前一樣縱情聲色。又過了一年，三月裡的一天，他與十幾個朋友在曲江的遊船上和長安來的歌伎樂人玩樂縱慾，正高興時遊船傾覆，他和他的酒肉朋友都被淹死了。

有時，噩夢是對危機的一種預示，它甚至能幫助做夢者化險為夷。南北朝時期的徐孝嗣曾經住在帥府裡，一天他白日裡躺在北牆下小憩，夢中見到兩個童子，急急忙忙地說要挪動他的床。徐孝嗣夢中嚇醒，隱約聽到牆壁有動靜，趕忙下床跑開。他剛剛跑出了幾步，北牆竟塌了下來，正好砸在他剛剛躺過的那張床上。

第四節　古今如夢，何曾夢覺 —— 奇夢大觀

中國古代的夢文化博大精深，各種各樣的夢故事更是如過江之鯽一般俯拾皆是，其中還有很多離奇詭異的故事。這裡擷取四個情節曲折、精彩絕倫的夢故事，以期能以管窺天，儘量展示夢文化的風采。

夢裡走出的門神 —— 唐玄宗夢鍾馗

門神鍾馗在中國傳統文化中是一位名人，如今每到春節，還有不少地方保留著貼門神的習俗。說來有趣，這個名聲赫赫的鍾馗竟然出自唐玄宗李隆基的一場夢。據說，有一年玄宗從驪山校場回宮，突然得了重病，御醫們絞盡腦汁，忙活了一個多月都沒搞清楚玄宗到底得了什麼病。

一天深夜，玄宗夢見一個牛鼻子小鬼穿著紅色衣服，只有一隻腳上穿著鞋，另外一隻靴子掛在腰間。玄宗看到這個小鬼正要盜走自己心愛的玉笛和楊貴妃的紫香囊，連忙大聲喝止。這時竟突然冒出了一隻大鬼，這大鬼頭戴破帽，身穿藍袍，腰上束著角帶。他一下子撲住小鬼，用手指挖出小鬼的雙眼，然後將他撕吞入腹。

玄宗見這個大鬼如此勇猛，忙問他的姓名，大鬼上前奏道：「臣是終南進士鍾馗，因屢試不第，觸殿階而亡，死後成為鬼

王，誓除天下惡鬼妖孽。」玄宗大夢方醒，病體一下子痊癒。於是召來宮廷畫師吳道子，令他依自己夢中所見畫成《鍾馗捉鬼圖》，並將這幅畫掛在了後宰門上，以鎮妖驅邪。從此，鍾馗就成了大名鼎鼎的打鬼門神。

一場兒戲一場夢 ── 朱元璋私換狀元

明太祖朱元璋洪武十八年時，有一場影響深遠的會試。這場考試共取錄四百七十二人，其中黃子澄、練子寧等人後來都成了左右政局發展的關鍵人物。可是，這批響噹噹的人物當時都沒能問鼎狀元，摘下洪武十八年狀元桂冠的，是當時還名不見經傳的丁顯。搞笑的是，丁顯能一舉奪魁完全源於朱元璋的一場夢。

據記載，當時會試成績第一的是黃子澄，第二名是練子寧，第三名是花綸。黃子澄和練子寧都是國子監生，花綸是浙江的新科解元，這三人都是少年才俊。朱元璋很高興，馬上安排殿試。不過殿試的成績完全倒了過來，花綸為第一，練子寧次之，黃子澄第三。一般情況下，這就是一科成績的最終結果了。

不過，凡事都有例外，這次意外出現在了狀元的歸屬上。等到大榜放出的那一天，人們驚奇地發現，本來一榜前三都未入的丁顯竟然成了狀元，真是讓人大跌眼鏡。

　　原來，放榜前一夜，朱元璋夢見「殿前一鐵巨釘綴白絲數縷，悠揚日下」，其夢恰與丁顯之名契合，於是丁顯就莫名其妙地當了狀元。不過，這個故事還有一種說法，當時黃子澄、練子寧、花綸三人呼聲很高，甚至有童謠唱：「黃練花，花練黃。」朱元璋甚是討厭此語，於是在放榜時有意以年少為名，奪了花綸的狀元，降他為探花，將二十八歲的丁顯扶了上來，而會試第一的黃子澄最終竟未進三甲。

　　明朝這類怪事還有不少，同樣因奇夢而當上狀元的還有嘉靖二十三年的狀元秦鳴雷。據說，嘉靖皇帝根本沒看考官擬定的名次，僅僅因為自己夢中聽到了雷聲就將秦鳴雷定成了狀元。這種不負責任的行為，倒是和他的老祖宗朱元璋有幾分相像。

香消玉殞為這般 —— 黃庭堅的前生

　　北宋江西詩派的掌門人黃庭堅少年得志，二十二歲時就高中進士，上任黃州知州時只有二十六歲。一天，他在官衙中午睡，夢中他走出官衙，來到一個小鄉村，看見一個滿頭白髮的老婆婆，正站在一張香案前，香案上供著一碗芹菜麵，口中叨叨著讓人來吃麵。黃庭堅湊近一看，那碗麵熱氣騰騰的，就不由自主地端起來吃掉了。

　　一覺醒來，黃庭堅人雖然還好好地待在府衙裡，可嘴裡竟留有芹菜的香味。這夢雖然很清晰，但黃庭堅並沒有把它當回

事。第二天午睡，他又做了一個一模一樣的夢。這次他不敢再怠慢，連忙依夢中的路線找到了那位老婆婆的家，叩門進屋，發現這婆婆竟與夢中長得分毫不差。

黃庭堅忙問她吃麵之事，婆婆說：「昨天是我女兒的忌日，她生前喜歡吃芹菜麵，所以，我每年這個時候都會喊她來吃麵。」

黃庭堅聞言覺得詫異，再問：「您女兒死去多久了？」

老婆婆說：「已經二十六年了。」黃庭堅此時更加詫異，他恰恰是前一天過的二十六歲生辰。他細問老婆婆她女兒在世時的情形，老婆婆說：「我女兒在世時很喜歡讀書，她平時吃齋唸佛，很是孝順，但始終不肯嫁人，還說來世要做個男兒身，成為文學家。她二十六歲上就死了，死時說自己還會回來的。」

黃庭堅此時已有些明白過來，他對老婆婆說：「您女兒的香閨在哪裡，可以帶我去看看嗎？」老婆婆為黃庭堅指了一間房。

黃庭堅走進這間房，只見房中除了臥床、桌椅外，還有一個大櫃子。他便問這櫃子裡面是什麼，老婆婆說：「全是我女兒生前讀過的書。」黃庭堅想要打開櫃子，老婆婆說：「自從我女兒死後，這個櫃子的鑰匙就不見了，一直沒有辦法打開它。」

黃庭堅聽罷，心思一動，竟說出了鑰匙的位置，他打開書櫃，發現其中有很多書稿。仔細一讀才發現自己每次考試所寫的文章竟全在裡面，而且一字不差！

　　黃庭堅頓時明白他已回到了前生的家，這老婆婆就是他前生的母親。於是，他跪倒在地，口稱母親，說明自己就是她女兒的轉世。他將這位已經沒有親人的老婆婆接回自己的府衙，為她養老送終。

畫中兩僧求相會 —— 陸堅因畫病癒

　　唐代文學家劉長卿曾經寫過《張僧繇畫僧記》一文，這篇文章非常傳奇，講的也是一個與夢有關的故事。

　　話說當年南朝梁代的直閣將軍張僧繇曾畫過一幅《天竺僧侶圖》，圖上原有兩個僧人。後來天下大亂，江南這片風水寶地也沒能倖免。張僧繇這幅畫經歷多年離亂，破損為二，兩僧一人一邊，其中一半畫為唐代右常侍陸堅所得。

　　陸堅有一次病得快要死了，他昏睡中夢見自己這一半畫上的那個天竺僧人對自己說：「我有同伴一人，分離已百年有餘，他現在洛陽城東李君家，為李君所收藏，世上的人都不知道。你若能把兩半畫合在一起，讓我們兩人見面，我當以法力助你，使你病好無憂。」

　　陸堅醒來之後，依照夢中僧人的指引找到了李君，從他那裡以俸錢十萬買得了另一半畫。當陸堅將兩半畫拼合在一起時，兩僧終於在離散百年之後重逢，合畫之日陸堅離奇病癒。可惜，後來李君之僧再次散失，而陸堅那一半畫為劉長卿

所得。劉長卿寫僧人託夢是因張僧繇「造思之妙，通於神祇」
所致。

　　中國古代的夢文化與其他文化形式交融混雜，由此創作出
的精神財富數之不盡，本書只能擷取其中很小的一部分。夢這
一文化形態對中國文化史產生過深遠的影響，如今再回首，依
舊可以在歷史的長河中輕而易舉地找到夢的軌跡。時至今日，
夢對人類文化的作用也從來沒有停止過，相信在未來我們仍然
可以領略到夢的無限風采。

參考書目

1. 楊伯峻著：《春秋左傳注》（修訂本）。

2. 楊伯峻著：《列子集釋》。

3. （明）陳士元纂：《夢占逸旨》。

4. 路英著：《中國夢文化》。

5. 羅建平著：《夜的眼睛：中國夢文化象徵》。

6. 劉文英著：《夢與中國文化》。

7. 申潔玲著：《夢文化》。

8. 傅正谷著：《中國夢文化辭典》。

9. （瑞士）佛洛伊德著：《佛洛伊德文集 2．釋夢》。

10. （瑞士）榮格著：《榮格自傳：夢．記憶．思想》。

電子書購買

爽讀 APP

國家圖書館出版品預行編目資料

夢文化的歷史軌跡：王權 × 戰爭 × 宗教 × 文學 × 藝術 × 生活，從史前神話到現代心理學，解析夢在中國文化中的多重面貌與意義 / 過常寶，貢方舟 著 . -- 第一版 . -- 臺北市：崧燁文化事業有限公司 , 2024.03
面；　公分
POD 版
ISBN 978-626-394-033-8(平裝)
1.CST: 夢 2.CST: 解夢 3.CST: 歷史 4.CST: 中國文化
175.1　　　113001651

夢文化的歷史軌跡：王權 × 戰爭 × 宗教 × 文學 × 藝術 × 生活，從史前神話到現代心理學，解析夢在中國文化中的多重面貌與意義

臉書

作　　　者：過常寶，貢方舟

發 行 人：黃振庭

出 版 者：崧燁文化事業有限公司

發 行 者：崧燁文化事業有限公司

E - m a i l：sonbookservice@gmail.com

粉 絲 頁：https://www.facebook.com/sonbookss/

網　　　址：https://sonbook.net/

地　　　址：台北市中正區重慶南路一段六十一號八樓 815 室
Rm. 815, 8F., No.61, Sec. 1, Chongqing S. Rd., Zhongzheng Dist., Taipei City 100, Taiwan

電　　　話：(02) 2370-3310　　　傳　　　真：(02) 2388-1990

印　　　刷：京峯數位服務有限公司

律師顧問：廣華律師事務所 張珮琦律師

定　　　價：299 元

發行日期：2024 年 03 月第一版

◎本書以 POD 印製

Design Assets from Freepik.com